Faszination Footgolf

Allgemeine Hinweise:

Aus Gründen der besseren Lesbarkeit wird bei Personenbezeichnungen die männliche Sprachform verwendet. Gemeint ist sowohl die männliche als auch die weibliche und die diverse Form.

Das vorliegende Buch wurde sorgfältig erarbeitet. Dennoch erfolgen alle Angaben ohne Gewähr. Weder die Autoren noch der Verlag können für eventuelle Nachteile oder Schäden, die aus den im Buch vorgestellten Informationen resultieren, Haftung übernehmen.

Sollte diese Publikation Links auf Webseiten Dritter enthalten, so übernehmen wir für deren Inhalte keine Haftung, da wir uns diese nicht zu eigen machen, sondern lediglich auf deren Stand zum Zeitpunkt der Erstveröffentlichung verweisen.

MALTE COMMANDEUR | FABIENNE BACHMANN

FASZINATION FOOTGOLF

HINTERGRÜNDE - REGELN - TAKTIK - TURNIERE

Meyer & Meyer Verlag

Faszination Footgolf

Bibliografische Information der Deutschen Nationalbibliothek
Die Deutsche Nationalbibliothek verzeichnet diese Publikation in der Deutschen Nationalbibliografie; detaillierte bibliografische Details sind im Internet über <www.dnb.de> abrufbar.

Von-Coels-Straße 390, 52080 Aachen
www.dersportverlag.de

Member of the World Sport Publishers' Association (WSPA)

Gesamtherstellung (Druck): Print Consult GmbH, München, www.printconsult.de

MIX
Papier | Fördert gute Waldnutzung
FSC® C106855

ISBN 978-3-8403-7928-4

Bei Fragen zur Sicherheit unserer Produkte wenden Sie sich bitte an: kontakt@m-m-sports.com.

INHALT

VORWORTE

ALEKSANDER KRAVANJA
PRÄSIDENT DER FEDERATION FOR INTERNATIONAL FOOTGOLF

Es ist mir eine große Ehre, das Vorwort zum ersten Buch über Footgolf zu schreiben, einen Sport, der Welten verbindet, indem er die Eleganz des Golfsports mit der Leidenschaft, der Energie und der Geschicklichkeit des Fußballs vermischt. Ich hoffe, dass Sie beim Durchblättern dieser Seiten die Begeisterung für die Entdeckung eines neuen Spiels und den Geist einer schnell wachsenden globalen Gemeinschaft spüren.

Mein tief empfundener Dank gilt den Autoren Fabienne Bachmann und Malte Commandeur für die Erarbeitung dieses bemerkenswerten Buches. Sie bieten den Lesern eine umfassende Erkundung der Grundlagen des Footgolf – seiner Strategie, seiner Regeln und seiner Wettbewerbslandschaft. Dieses Buch wird in der Tat ein unschätzbares Hilfsmittel für Neulinge und etablierte Spieler sein.

Footgolf lädt Sie ein, etwas Einzigartiges zu erleben. Dieser Sport verbindet die strategische Tiefe des Golfsports mit der Dynamik und dem Können des Fußballs. Mit derzeit über 180.000 Spielern in 70 Ländern hat sich Footgolf von einer kühnen Idee zu einem globalen Phänomen entwickelt, das Menschen auf der ganzen Welt mit Freude, Herausforderung und Kameradschaft verbindet.

Der Weg von Footgolf war sehr inspirierend. Seit Michael Jansen, unser wegweisender erster Präsident der Federation for International Footgolf, im Jahr 2008 Footgolf eingeführt hat, haben wir Meilensteine erreicht, von denen wir einst nur träumen konnten. Wir machen einen bedeutenden Schritt in Richtung Anerkennung durch die AIMS (The Alliance of Independent Recognized Members of Sport) und das IOC (Internationales Olympisches Komitee), was uns dem Tag näherbringt, an dem Footgolf neben anderen etablierten Sportarten auf der Weltbühne stehen könnte.

Unsere Mission geht über die Verbreitung des Sports hinaus. Wir setzen uns dafür ein, die Teilnahme aller zu fördern, die Gleichstellung der Geschlechter voranzutreiben und faire und spannende Wettkampfmöglichkeiten zu schaffen. Wir wollen den Grundstein für einen sauberen, ehrlichen und unterhaltsamen Sport legen, der weiterhin inspiriert.

Unsere Vision ist ehrgeizig: eine blühende globale Gemeinschaft von Footgolf-Enthusiasten aufzubauen und eines Tages Footgolf als olympische Sportart anerkannt zu sehen. Es ist ein Ziel, das von Leidenschaft, Zielstrebigkeit und der Liebe zum Spiel angetrieben wird.

Ich hoffe, dass Sie beim Lesen dieses Buches dazu inspiriert werden, einen Footgolf-Platz zu betreten. Sei es, um alleine oder mit Freunden zu spielen, und es zu genießen, Geschicklichkeit und Strategie in einer offenen, einladenden Umgebung zu kombinieren.

Ich wünsche Ihnen viele denkwürdige Momente auf dem Platz und natürlich viele Birdies.

Ihr

Aleksander Kravanja

(Präsident der FIFG)

GUY PERNET
PRÄSIDENT DER EUROPEAN FOOTGOLF ASSOCIATION

Auch wenn sich der Ursprung von Footgolf nicht genau festlegen lässt, kann man sagen, dass das moderne und heute praktizierte Spiel nach der Jahrtausendwende in den Niederlanden richtig Fahrt aufnahm.

Was mit einer Idee begann, die manche vielleicht für weit hergeholt hielten, hat sich seit den Anfängen zu einem Sport entwickelt, der Engagement, Mut, Solidarität und Wettbewerb erfordert, aber auch ein starkes Gefühl der Geselligkeit vermittelt.

Seit der Gründung der FIFG (Federation for International Footgolf) in Verbindung mit seinen acht mutigen Gründungsländern hat die FIFG, und mit ihr Footgolf, eine atemberaubende Geschichte hingelegt und ist mittlerweile ein Verband, dem mehr als 70 Länder auf allen Kontinenten angehören.

Seither verfolgt der Weltverband die Mission, den Sport und seine Werte weltweit zu fördern, indem es auf Basis der geschaffenen Struktur ermöglicht wird, den Sport regelmäßig auf geeigneten Plätzen auszuüben und sich in nationalen Turnieren und internationalen Wettkämpfen zu messen.

Mit der Vision der FIFG, Footgolf als olympische Sportart zu etablieren, und dem Ziel, dem Sport zu mehr Bekanntheit zu verhelfen, danken wir den beiden Autoren dafür, dass sie die Facetten dieser Sportart anschaulich darstellen, die die Regeln und Standards des Golfsports mit der Technik und Beliebtheit des Fußballs verbindet, und damit zur weiteren Verbreitung und Popularität von Footgolf beitragen.

Ich wünsche Ihnen viel Spaß beim Lesen über die Faszination Footgolf.

Ihr

Guy Pernet

(Präsident der EFGA & Treasurer der FIFG)

Footgolf ist mein Leben.

Cedric Bonnot, Franzose, ehemalige Nummer 1 der Welt

GRUSSWORTE

PATRICK HUBER
PRÄSIDENT DER ASSOCIACTION SUISSE DE FOOTGOLF

Der Schweizer Footgolf durchläuft eine Phase, die man mit der Etappe beim Erlernen einer Sprache vergleichen könnte, in der man nach den Grundlagen mit der Grammatik beginnt. Das Wichtigste ist, weiterzuarbeiten, sich zu bemühen und auf den Moment zu warten, in dem es Klick macht und wir auf alle vorherigen Jahre des Lernens aufbauen. Das haben die bisherigen Präsidenten Guy Pernet und allen voran Julien Babel in ihrer Rolle auch getan. Ohne sie und die Menschen, die sie umgeben haben, würden Sie diese Zeilen nicht lesen. Die Arbeit und Hingabe dieser Menschen sind für einen Verband einfach lebenswichtig.

Im Jahr 2019, ein Jahr nach der Gründung meines Clubs, des Lausanne Footgolf Club, hat mich der Wunsch gepackt, mich am Vereinsleben zu beteiligen und dem Vorstand beizutreten. In den drei Jahren als Schatzmeister und weiteren drei Jahren als Vorsitzender hatte ich das Glück, von leidenschaftlichen Menschen umgeben zu sein. Gemeinsam haben wir eine starke Gemeinschaft geschaffen, in der sich die Mitglieder auf unserem Trainingsplatz treffen, um sich auszutauschen, gemeinsam Zeit zu verbringen und die Liebe zum Spiel zu erleben. Ich habe Gefallen an der Vereinsarbeit gefunden, und festgestellt wie befriedigend es ist, seine Zeit für ein kollektives Projekt zu opfern. Mir wurde jedoch bewusst, dass man auch in der Lage sein muss, die Fackel weiterzugeben, um Raum für neue Impulse zu geben.

Aus diesem Grund habe ich Ende 2024 meine Vereinsämter niedergelegt, um mich auf den Schweizer Footgolf zu konzentrieren. Vier tapfere und motivierte Menschen und ich, bildeten einen neuen Vorstand, der mittlerweile auf sechs Personen angewachsen ist. Unser Ziel ist es, dem Schweizer Footgolf einen frischen Wind einzuhauchen, quasi das nächste Level einer neuen Sprache zu erreichen. Unser Bestreben ist es, jedem die Möglichkeit zu geben, sich im Footgolf wiederzufinden. Sei es im sportlichen Wettkampf oder in den geselligen (Plausch-) Momenten, jeder soll sein Vergnügen finden können. Denn schließlich ist Footgolf genau das: ein Sport, der Spaß macht.

Jeder Spieler wird Ihnen bestätigen, dass die Emotionen, die man erlebt, wenn man den Ball im Loch verschwinden sieht, kaum zu übertreffen sind. Auf Golfplätzen, die oft so gut gepflegt werden wie Wimbledon, einen Ball zu schlagen, ist ein einzigartiges Erlebnis. Wenn man dies mit einer echten Kameradschaft in den Flights mischt, versteht man, warum wir oft sagen, dass es sich um einen Sport handelt, der süchtig macht: Probieren geht über Studieren.

Paradoxerweise sind die negativen Emotionen, die wir auf einer Golfrunde durchleben, weil zum Beispiel ein Schlag ins Wasser geht, auch angenehm. Sie geben uns die Möglichkeit, wieder aufzustehen, den Schlag zu akzeptieren und weiterzumachen. Wie das Leben ist auch Footgolf eine Folge von Ereignissen, die wir akzeptieren müssen, um weiterzukommen. Nichts ist von Dauer, außer vielleicht unsere Liebe zu den Birdies.

Ich lade Sie ein, diese Seiten mit dem gleichen Vergnügen zu erkunden, wie ich es habe, 18 Löcher Footgolf zu spielen.

Ihr

Patrick Huber

(Präsident der ASFG)

PETER ROLLI
PRÄSIDENT DES DEUTSCHEN FOOTGOLF BUNDES

Als Präsident des Deutschen Footgolf Bundes (DFGB) freut es mich sehr, dass dieses Buch entsteht und die Faszination Footgolf möglichst vielen Sportinteressierten und Fußballbegeisterten jeden Alters nähergebracht wird.

Nach Anfängen im Fußballgolf hat auch mich die Sportart Footgolf schnell in ihren Bann gezogen und seit 2021 bin ich im neugegründeten Verband DFGB mit verantwortlich für die Entwicklung von Footgolf im „Fußballland" Deutschland.

Im Januar 2023 haben wir den ersten Meilenstein mit der Mitgliedschaft im Weltverband Federation for international Footgolf (FIFG) erreicht und im selben Jahr mit einem kleinen Team die deutschen Farben bei der Weltmeisterschaft in Orlando, USA, vertreten. Für die Welt- und Europarangliste wurden die ersten internationalen Turniere unter der Schirmherrschaft des DFGB auf Anlagen in Deutschland durchgeführt.

Mit der Erfahrung, dass bei den Turnieren mehr internationale als nationale Spieler antreten, sehen wir es als unsere Herausforderung an, diesen Sport unserem Land bekannter zu machen.

Ich selbst stehe immer noch gerne mit dem Fußball auf dem Golf-Platz, um eine Runde zu spielen. Die frische Luft, der gepflegte Rasen, die herrlichen Landschaften auf den Golfanlagen sind einfach Erholung pur und es ist keiner da, der mich weggrätscht. Bei jeder Runde auch im Hinterkopf fit für das nächste Turnier zu sein.

Durch die unterschiedlichen Alterskategorien ist ein direkter Vergleich mit anderen Spielern möglich, und immer spannend. Meine Kategorie, Senior Plus (56 und älter) spiele ich am liebsten in Italien oder der Schweiz, da es dort liebevoll „Super Senior" heißt. Aber egal, wo du auch spielst, bei jedem Turnier triffst du alte und neue Freunde und Turniere gibt es rund um den Globus.

Ich wünsche Ihnen viel Spaß beim Erkunden der Faszination Footgolf und danke an dieser Stelle den beiden Autoren Fabienne und Malte.

Wie sehen uns – auf dem Grün!

Ihr

Peter Rolli

(Präsident des Deutschen Footgolf Bundes)

FASZINATION FOOTGOLF

1

1 EINLEITUNG

Umgeben von der atemberaubenden Bergkulisse der massiven Gipfel, die weit über 2000 Meter in den Himmel ragen, den Blick auf den gut hundert Meter steilen Abhang gerichtet und die Gefahr des Flusses Rhein im Sinn, steigt der Puls, das Herz schlägt immer schneller und die Angst des Versagens wächst. Aber es gibt kein Zurück. Um das Spiel erfolgreich zu beenden, muss der Ball fehlerfrei am Loch Nummer 15 nahe der Rheinquelle abgeschlagen werden.

Volle Konzentration auf den Abschlag. Die anderen Spieler schauen gebannt zu, wie man den Ball mit Blick auf die Schlucht ehrfürchtig auf das Tee legt.

Tief Luft holen, mit der gewohnten Routine die Schritte für den Anlauf zurückgehen, nochmals volle Konzentration, vielleicht die Muskulatur erneut aktivieren und dann visualisieren, wie wunderschön es ist, wenn der Ball gleich erfolgreich den Abschlag verlässt, mit der notwendigen Distanz über den Abhang fliegt, erfolgreich auf dem Fairway aufkommt und immer weiter in Richtung Fahne rollt. Und dann geht's los ... man nimmt Anlauf, holt aus und schwingt mit dem Schussbein mit voller Kraft gegen den Ball und er fliegt ...

Was wohl der Kaiser der Nation, Franz Beckenbauer, davon denken würde, dass hier nicht der Golfball abgeschlagen wird? Würde es ihn genauso begeistern wie die weltweit über 180.000 Spieler, die über den ganzen Globus verteilt unter dem Dach des Weltverbandes seit fast 20 Jahren auf den Golfplätzen nicht mehr nur Golfbälle fliegen lassen, sondern Fußbälle?

Beide Sportarten, Golf und Fußball, waren ja nachweislich seine großen Leidenschaften.

Die Rede ist von Footgolf.

Footgolf ist mehr als nur ein Sport – eine Reise durch atemberaubende Landschaften und Menschen aus allen Kulturen.

Sara Marques, Portugiesin, Nationalspielerin

FOOTGOLF

2

2 WORUM GEHT ES IN DIESEM BUCH?

Wie viele andere Menschen auf der Welt sind auch wir Autoren mittlerweile süchtig nach dem Sport, bei dem man mit dem Fußball über den Golfplatz spielt. Aber nicht, um Tore zu schießen, sondern um das runde Leder in möglichst wenig Schüssen einzulochen. Ein Sport, bei dem Fußball und Golf auf geniale Weise verschmelzen.

Footgolf, eine Sportart, die immer mehr Menschen auf der ganzen Welt begeistert und in ihren Bann zieht. Doch im fußballverrückten deutschsprachigen Raum ist dieser andere Sport mit dem Fußball leider noch etwas unter dem Radar und wird darüber hinaus auch sehr oft mit Fußballgolf verwechselt. In diesem Buch möchten wir die Faszination für Footgolf transportieren und zeigen, warum der Sport weltweit mit zu den am schnellsten wachsenden Sportarten zählt.

Wir lieben Footgolf, aus so vielen verschiedenen Gründen. Fasziniert von der Kombination aus Fußball und Golf wollen wir in einer Welt, in der speziell der Fußball weltweit die Menschen bewegt, unsere Leidenschaft für diesen einzigartigen Sport teilen. Aber in erster Linie wollen wir darlegen und näherbringen, was den Sport so faszinierend macht und wie er funktioniert - in seinen Strukturen, aber auch als Sportart. Denn so, wie Fußball die Menschen über Landesgrenzen hinweg verbindet, tut Footgolf dies auch. Die Sportart ist einfach zugänglich und für Menschen jeden Alters geeignet. Die ersten Turniere fanden bereits in den frühen 2000er Jahren statt, und mit der ersten Weltmeisterschaft im Jahr 2012 etablierte sich Footgolf (auch dank der Gründung des Weltverbandes FIFG) als ernstzunehmende Sportart.

Footgolf vereint die Präzision und Strategie des Golfs mit der Dynamik und Technik des Fußballs. Ziel des Spiels ist es, den Ball mit möglichst wenigen Schüssen ins Loch zu befördern - ähnlich wie beim Golf -, aber mit dem Fuß und einem Fußball. Dabei erfordert Footgolf mehr strategisches Denken und Geschicklichkeit, als man zunächst vermuten würde. Für viele Fußballer, die Footgolf ausprobieren, zeigt sich schnell: Footgolf hat deutlich mehr von Golf als von Fußball.

Heute wird Footgolf weltweit auf fünf Kontinenten gespielt, und über das Jahr hinweg gibt es hunderte von Turnieren in unterschiedlichen Kategorien. Viele dieser Wettbewerbe zählen für die Weltrangliste oder regionale Ranglisten und können zur Qualifikation für Kontinental- und Weltmeisterschaften führen. Diese Struktur bietet auch ambitionierten Spielern die Möglichkeit, auf höchstem Niveau anzutreten.

Die Einfachheit, mit der man diesen Sport ausüben kann, ist einer der Gründe für seine Beliebtheit, insbesondere bei Fußballliebhabern, aber nicht nur. Footgolf spricht eine breite Zielgruppe an. So finden sich bei den verschiedenen Turnieren bei den Männern und Frauen Teilnehmer im Alter von 12 bis 75 Jahren wieder. Der geringe Ausrüstungsaufwand und die leichten Einstiegsmöglichkeiten machen Footgolf besonders attraktiv, nicht nur für aktive und ehemalige Fußballer, sondern für alle Sportbegeisterten.

Unsere Begeisterung für Footgolf möchten wir in diesem Buch an Sie weitergeben. Wir zeigen Ihnen nicht nur die grundlegenden Regeln, Strukturen und Taktiken des Spiels, sondern auch die Leidenschaft, die dieser Sport auslöst. Footgolf bietet die Chance, sich auf eine ganz neue Art und Weise sportlich zu betätigen, und verbindet Menschen auf der ganzen Welt - woraus Freundschaften entstehen -, so wie es Fußball schon immer getan hat.

In den folgenden Kapiteln werden wir die Geschichte und Entwicklung des Sports näher beleuchten. Sie erfahren alles Wichtige über die Regeln, die Ausrüstung, die verschiedenen Spielformate sowie die Turnierstrukturen. Persönliche Erfahrungen und Eindrücke von Footgolf-Turnieren werden die Faszination für diesen Sport lebendig machen und Ihnen zeigen, warum Footgolf für so viele Menschen auf der ganzen Welt eine echte Leidenschaft geworden ist.

Tauchen wir also ein in die Faszination Footgolf - eine Sportart, die Technik, Präzision und Strategie auf eine einzigartige Weise kombiniert und weltweit immer mehr Anhänger findet. Aber Achtung, akute Suchtgefahr!

Footgolf ist ein unterhaltsamer Wettkampfsport, der Kraft und mentale Konzentration erfordert.

Jo Reid, Amerikanerin, Nationalspielerin, mehrmalige US-Meisterin

---

3

3 FOOTGOLF VS. FUSSBALLGOLF

Auch wenn die Namen sehr ähnlich klingen und somit auf den ersten Blick Footgolf und Fußballgolf als die gleiche Sportart erscheinen könnten, sind es zwei grundverschiedene Sportarten. Auch wenn beide darauf basieren, einen Fußball mit möglichst wenigen Schüssen ins Ziel zu bringen, offenbaren sich doch bei genauerem Hinsehen entscheidende Unterschiede, die zeigen, dass es sich um zwei eigenständige Sportarten handelt, die jeweils ihre eigene Faszination haben.

So liegt der größte Unterschied in der Spielumgebung. Footgolf wird auf einem Golfplatz oder einem speziell eingerichteten Footgolfplatz gespielt. Die einzelnen Bahnen sind in der Regel länger und durch „natürliche" Hindernisse wie Bunker, Bäume oder Wasserläufe geprägt. Hier geht es um Präzision und Strategie - der Spieler muss sorgfältig überlegen, wie er den Ball durch die natürliche Umgebung manövriert. Die Löcher, in die der Ball gespielt wird, sind zwar grösser als beim Golf, aber dennoch so platziert, dass ein hohes Maß an Genauigkeit notwendig ist. Man kann festhalten, dass Footgolf sich stark am klassischen Golf orientiert, sowohl was den Platz als auch das Spielgefühl und strategisches Denken betrifft.

Im Gegensatz dazu findet Fußballgolf meist auf eher kleineren Anlagen statt, die wie ein Minigolfplatz gestaltet sind. Die Bahnen sind um einiges kürzer und beinhalten oft kreative und „unnatürliche" Hindernisse, die man eher aus dem Minigolf kennt - wie zum Beispiel Vulkane, Rampen oder Tunnel. Das Ziel ist zwar auch hier, den Ball mit möglichst wenigen Schüssen in ein Loch zu befördern, aber der Weg dorthin ist weniger von strategischen Überlegungen geprägt, sondern oft durch das Überwinden lustiger und origineller Hindernisse.

Ein weiterer wesentlicher Unterschied ist das Spielniveau. Während Fußballgolf oft als Freizeitspaß für die ganze Familie gilt, hat sich Footgolf zu einer Sportart entwickelt, die nicht nur auf internationalem Niveau, sondern im wahrsten Sinne des Wortes weltweit gespielt wird. Die Faszination von Footgolf liegt in der Kombination aus sportlicher Herausforderung und Eleganz. Es ist ein Sport, der Geduld, Geschick und Präzision erfordert, während Fußballgolf mehr auf Spaß und lockere Unterhaltung abzielt, auch wenn es in einigen wenigen Ländern Europas Turniere und Meisterschaften gibt.

Zusammengefasst ist Footgolf trotz seiner Namensähnlichkeit mit Fußballgolf ein strategisch anspruchsvollerer Sport, der die besten Elemente aus Fußball und Golf vereint. Obwohl beide Sportarten ihren eigenen Reiz haben, richtet sich Footgolf mehr an Spieler, die die sportliche Herausforderung schätzen, während Fußballgolf ein unterhaltsames Erlebnis für Spieler aller Altersgruppen bietet.

FOOTGOLF ESPAÑA

4

4 WAS IST FOOTGOLF?

„Das ist ja mega einfach", meinen die einen. „Ist gar nicht so einfach", sagen die, die das Spiel erlebt haben. Die Rede ist von einer Sportart, die im Spiel mit dem Fußball viel Präzision verlangt und deshalb um einiges schwieriger ist, als so mancher, speziell Fußballer, meint.

Footgolf ist eine aufregende Mischung aus Fußball und Golf, die Präzision und Strategie mit Dynamik und Spaß vereint. Das Ziel ist ähnlich wie beim Golf: den Ball mit möglichst wenigen Schüssen ins Loch zu bringen. Doch statt eines Golfschlägers und Golfballs kommt hier der Fuß und ein Fußball zum Einsatz. Die Distanzen sind angepasst, die Löcher sind grösser, aber die Herausforderungen bleiben spannend und vielseitig - genau das macht Footgolf für Spieler jeden Alters und Könnens so faszinierend. Es ist sowohl für Freizeitspieler als auch für ambitionierte Sportler geeignet. Dabei gilt, dass der Spieler, der nach allen Bahnen oder am Ende des Turnieres die wenigsten Schläge - oder in der Fußballersprache: Schüsse - benötigt hat, das Spiel gewinnt.

Auch die Geschichte des Footgolf ist beachtlich. Es ist nicht ganz erwiesen, ob es in Mexiko oder den Niederlanden „erfunden" wurde, aber man kann sagen, dass die Sportart Anfang 2000 ihren Ursprung genommen hat, als in den Niederlanden eine Marketingagentur ein Footgolf-Turnier auf einem Golfplatz mit rund 20 Profifußballern organisierte. Seit 2008 werden seither die ersten offiziellen und internationalen Wettbewerbe ausgetragen. Mit der Gründung der Federation for International Footgolf (FIFG) im Jahr 2012 bekam die Sportart eine internationale Struktur. Seitdem arbeitet der internationale Dachverband gemeinsam mit den Landesverbänden an der Standardisierung der Strukturen und Regeln sowie ganz besonders an der globalen Förderung des Sports. Dank dieser Aktivitäten und der Leidenschaft vieler Menschen finden heutzutage neben den nationalen Wettbewerben (zum Beispiel der jährlichen Swiss Tour) innerhalb der Mitgliedsländer international Turniere in verschiedenen Kategorien und Größenordnungen statt.

Die Footgolf-Weltmeisterschaft, die bereits 2012 zum ersten Mal stattfand, ist neben dem sogenannten Masters das größte Event im Footgolf. So kommen zu einer Weltmeisterschaft die besten Spieler aus aller Welt angereist, um den Titel des Weltmeisters sowohl in Einzelwettbewerben wie auch Teammodus zu erringen. Bei der letzten Ausgabe im Jahr 2023 kamen fast 1000 Teilnehmer aus nahezu 40 Ländern in die USA gereist. Darüber hinaus finden auch im Turnus kontinentale Meisterschaften wie die Europameisterschaft, Asienmeisterschaft oder Südamerikameisterschaft statt.

Es gibt auch bestimmte Regeln und Etiketten, die beim Footgolf beachtet werden müssen, ähnlich wie beim traditionellen Golf. Gespielt wird Footgolf auf Anlagen mit neun oder 18 Löchern, die jeweils unterschiedliche Längen und Schwierigkeitsgrade haben. Jedes Loch hat einen sogenannten Par-Wert, also die empfohlene Anzahl an Schüssen, der zwischen 3 und 5 liegt. Wie beim Golf starten die Spieler von einer festgelegten Abschlagzone und arbeiten sich dann mit gezielten Schüssen in Richtung Ziel, dem Loch, voran. Im Gegensatz zum Fußballgolf (an Minigolf angelehnt) hat Footgolf keine künstlichen Hürden. So gilt es, Hindernisse wie Bäume, Bunker, Wasserflächen oder auch kleine Hügel geschickt zu umspielen – jede Bahn hält ihre eigenen Überraschungen bereit.

Footgolf ist ein Zählspiel und so liegt ein wesentlicher Reiz darin, dass es Technik, Taktik und mentale Stärke vereint. Unterschiedliche Schüsse sind gefragt, von langen Abschlägen über gezielte Flachschüsse bis hin zu Trickshots und feinen Putts. Jeder Schlag muss sorgfältig geplant sein, da der Ball nicht nur weit, sondern auch genau platziert werden muss, um ihn in eine günstige Position für den nächsten Schuss zu bringen. Somit kommt den Themen Strategie und Entscheidungsfindung ein wichtiges Element beim Footgolf zu.

Inmitten der schönen Umgebung eines Golfplatzes müssen die Spieler nicht nur den Kurs, sondern auch äußere Einflüsse wie Wind oder Regen in die Strategie einbeziehen.

Das macht Footgolf anspruchsvoll, spannend und immer wieder anders.

Footgolf hat sich aber nicht nur als international organisierte Turniersportart etabliert, sondern auch als beliebte Freizeitaktivität. Nach und nach bieten immer mehr Golfplätze spezielle Footgolf-Runden an, und auch für Sportvereine und Freundeskreise ist es eine tolle Alternative. Der Einstieg ist leicht, da man kaum Ausrüstung braucht – lediglich einen Fußball und etwas Interesse an einer neuen Sportart. Viele Menschen finden in Footgolf eine neue Leidenschaft, weil sie ohne lange Vorkenntnisse einfach loslegen können.

Kurz gesagt: Footgolf ist weit mehr als nur ein Mix aus zwei Sportarten. Es ist ein Erlebnis, das Geschick, Strategie und Freude am Spiel verbindet. Ob auf Turnierniveau oder als Freizeitspaß – Footgolf erobert weltweit die Herzen der Menschen und bringt sie in Bewegung. Mit der einzigartigen Kombination aus der Präzision des Golfs und dem „gegen den Ball treten" des Fußballs ist Footgolf eine Sportart, die Lust auf mehr macht.

Das ist nicht Golf, das ist nicht Fußball. Das ist Footgolf.

Mati Perrone, Argentinier, Weltmeister 2018

5

5 FOOTGOLF ALS ALTERNATIVE ZUM FUSSBALL

Welcher Fußballer kennt es nicht: Immer wieder gibt es nach einem Spiel oder Training irgendwo eine neue Verletzung oder einen altbekannten Schmerz, der sich meldet. Man schleppt sich immer wieder, trotz der Schmerzen, auf den Platz, oder fällt, noch schlimmer, dank Verletzung sogar länger aus. Die Knochen werden älter, der Körper langsamer - aber die Liebe zum runden Leder ist zu groß, um einfach aufzuhören. Doch was tun, wenn es scheinbar keine Alternative gibt? Die Antwort lautet: Footgolf.

Footgolf bietet eine großartige Möglichkeit, die Freude am Spiel mit dem Ball weiterzuleben. Zwar ist Footgolf sportlich und körperlich anstrengender als viele denken, doch das Verletzungsrisiko ist deutlich geringer als beim Fußball - besonders, wenn es um ernsthafte Verletzungen geht. Man spielt weiterhin mit dem runden Leder, aber im Footgolf kann man höchstens durch den eigenen Leichtsinn „gefoult" werden. So kann man der Leidenschaft für den Ball auch im höheren Alter nachgehen und sogar um nationale und internationale Titel spielen. Es verwundert daher nicht, dass auch immer wieder ehemalige Fußballprofis den Weg zum Footgolf finden. So gehört der 115-fache Nationalspieler Argentiniens, Roberto Ayala, seit geraumer Zeit genauso zum Footgolfsport wie der langjährige La Liga Profi Carlos Calvo aus Spanien und viele weitere.

Doch Vorsicht. Im Gegensatz zum Fußball kommt im Footgolf niemand dem Ball entgegen, und kein Mitspieler läuft einem zu langen Ball hinterher. Footgolf bringt ganz neue Herausforderungen ins Spiel: Hier geht es um Präzision, Strategie und Technik. Das Lesen des Golfplatzes, das Einschätzen von Distanzen und das gezielte Stoppen des Balls sind zentrale Bestandteile des Spiels. Präzision ist im Footgolf noch wichtiger als im Fußball. Gerade am Anfang kämpfen viele Spieler mit der Distanzkontrolle und der Wahl des richtigen „Schlags", um den Ball optimal zu platzieren. Auch die Beschaffenheit des Geländes spielt eine große Rolle und muss stets bedacht werden.

Im Vergleich zu einem normalen Fußballspiel tritt man in einer Footgolf-Runde deutlich häufiger gegen den Ball, was ganz andere Beanspruchungen zur Folge hat. Aber dabei bleibt es nicht: Um mit möglichst wenigen Schüssen ans Ziel zu kommen, sind verschiedene Schlagtechniken und das richtige Gefühl für den Ball gefragt.

Für viele Fußballer ist die Kameradschaft im Team ein wichtiger Aspekt – und auch im Footgolf kommt diese nicht zu kurz. Zwar gibt es im Footgolf keine Mannschaft im klassischen Sinn, aber die Gemeinschaft unter den Spielern ist stark. Die Footgolfer sehen sich oft als eine „Familie", die nicht nur die Begeisterung, sondern auch die Herausforderungen dieses Sports teilt. Es gibt eine weltweite Footgolf-Community, und durch die Teilnahme an Turnieren entstehen Freundschaften, die über den ganzen Globus reichen.

6

6 WIE FANGE ICH MIT FOOTGOLF AN?

Alles, was nötig ist, ist Neugier auf den Sport, Freude am Spiel, ein Fußball, geeignetes Schuhwerk und Informationen über die nächstgelegene Footgolf-Möglichkeit. Dann kann es direkt losgehen.

Footgolf zu spielen erfordert keine besonderen Vorkenntnisse oder Fähigkeiten. Zwar kann eine Fußballvergangenheit oder ein gutes Ballgefühl von Vorteil sein, aber es ist keine Voraussetzung, um diesen Sport auszuüben. Es gibt keine Einstiegshürden wie beim Golf, Platzreife oder Handicap sind nicht erforderlich, um den Sport zu betreiben oder sogar an nationalen und internationalen Turnieren teilzunehmen.

Da Fußballgolf-Anlagen etwas weiter verbreitet sind, könnte man dort ein erstes Gefühl für den Sport entwickeln. Doch um die Besonderheiten von Footgolf wirklich zu erleben, ist dies nicht zu empfehlen, da es sich hierbei wahrlich um zwei unterschiedliche Sportarten und somit abweichende Erlebnisse handelt.

Um sich einen Überblick über Footgolfanlagen zu verschaffen, empfiehlt es sich, den regionalen Verband zu kontaktieren. So erhält man Informationen über geeignete Plätze und lernt über den Verband eine weitere Möglichkeit kennen, Footgolf auszuprobieren. Da es im deutschsprachigen Raum noch nicht sehr viele Anlagen für regelmäßiges Footgolf gibt, besteht auch die Möglichkeit, direkt mit einer Lizenz über den Verband (zum Beispiel in Deutschland oder der Schweiz) in den Sport einzusteigen und an Wettbewerben teilzunehmen.

Mit einer World-Tour-Lizenz ist sogar die Teilnahme an internationalen Turnieren möglich.

Es ist außerdem ratsam, sich mit lokalen Footgolfvereinen in Verbindung zu setzen. Der Verband kann auch hier bei der Kontaktaufnahme helfen. Einem Verein beizutreten ermöglicht nicht nur den Anschluss an die Footgolfgemeinschaft, sondern bietet auch eine Einführung in die wichtigsten Regeln und Verhaltensweisen bei Turnieren.

Einfach ausprobieren, und du wirst nie aufhören wollen, Footgolf zu spielen.

Telmo Matos, Portugiese, Nationalspieler

7

7 WO KANN ICH FOOTGOLF SPIELEN?

Das Wichtigste, um dem faszinierenden Spiel mit dem Ball nachzugehen, ist natürlich zu wissen, wo man Footgolf spielen kann. Daher soll ein Überblick über die einzelnen Anlagen im deutschsprachigen Raum und den grenznahen Regionen in diesem Buch nicht fehlen.

Alle Angaben ohne Gewähr und bitte immer vorab mit der entsprechenden Golfanlage in Kontakt treten, um die aktuellen Möglichkeiten abzustimmen.

7.1 DEUTSCHLAND

In Deutschland gibt es gemäß Homepage des deutschen Footgolfverbandes verschiedene Anlagen, auf denen man regelmäßig oder an bestimmten Daten Footgolf spielen kann.

- Cochem
  Unweit von Koblenz liegt der Golfclub Cochem/Mosel, der neben seinem Golfangebot auch einen Footgolfkurs anbietet. Auf Anmeldung kann man hier jederzeit auf dem richtigen Golfplatz Footgolf spielen und den Fußball ins Runde bringen.

- Deinste
  Einmal im Monat kann man in der Nähe von Stade, rund eine Autostunde westlich von Hamburg, an definierten Terminen Footgolf spielen. Zusätzlich bietet der Golf Club Deinster Geest noch Afterwork-Footgolf-Runden an. Ab 20 Personen kann man auch individuelle Termine vereinbaren, um einen der beiden 18-Loch-Kurse zu spielen.

- Erzgebirge
  Auf der einzigen Footgolfanlage in Sachsen kann man jederzeit gegen den Fußball treten, um mit möglichst wenig Schüssen einzulochen. Über die Webseite einen Termin buchen und schon kann man in Oederan-Gahlenz mit der Familie Footgolf spielen.

- Karlsruhe
  Die neueste Anlage im Footgolf ab dem Frühjahr 2025 entsteht unweit der bekannten DM-Arena beim Golfclub Rheinstetten. Mit entsprechender Voranmeldung kann man zu verschiedenen Zeiten die 9-Loch-Footgolfanlage auf dem Golfplatz genießen.

- Maxlrain
  Ganz im Süden von Deutschland kann man in der Chiemsee Region bei Rosenheim im Golfclub Schloss Maxlrain Footgolf spielen. Der Footgolf-Parcours ist festinstalliert und kann daher jederzeit auf Anmeldung genutzt werden.

- Mudau
  Im Neckar-Odenwald-Kreis liegt der Golfclub Mudau. Unweit von Buchen werden nicht nur die German Open ausgetragen, sondern auch perfekte Bedingungen geboten, um Footgolf kennenzulernen. Neben einem Kennenlernkurs und einer Fußballgolfanlage kann man hier jederzeit auf dem Golfplatz Footgolf spielen.

- Oberaula
  Jeden Montagabend kann man sich beim Kurhessischen Golfclub Oberaula-Bad Hersfeld eine Startzeit für eine abwechslungsreiche Runde Footgolf auf dem Golfplatz reservieren.

- Strelasund
  Direkt beim Golf- und Wellnesshotel warten 27 Löcher auf alle Footgolf-Enthusiasten. Im Golfpark Strelasund kann man jederzeit spielen. Einfach Termin vereinbaren und loslegen.

7.2 SCHWEIZ

Neben weiteren Turnieranlagen, auf denen die Swiss Tour stattfindet, kann unter anderem gemäß der Webseite des Schweizer Footgolfverbandes an folgenden Anlagen Footgolf gespielt werden:

- Basseruche
  Die erste Footgolfanlage der Schweiz bietet seit 2013 die Möglichkeit eines kompakten 18-Loch-Footgolfparcours. Eine gute halbe Stunde von Nyon entfernt kann man im Freizeitareal des Espace Basse Ruche im Ort St. Cergue jederzeit Footgolf spielen.

- La Caquerelle
  Eine gute Autostunde von Basel entfernt liegt die Freizeitanlage La Caquerelle auf einem schönen Bergplateau. Unweit von Delemont gelegen, kann man hier jederzeit auf einer 9-Loch-Footgolfanlage mit Groß und Klein die Faszination des Sports kennenlernen.

- Lausanne
  Auf neun Löchern kann man hier nach Anmeldung jeden Mittwochabend und Sonntagvormittag während der Trainingszeiten des ansässigen Vereins Lausanne Footgolf den Sport kennenlernen. Der Golf de Pra Roman liegt nur wenige Autominuten vom Stadtzentrum Lausanne entfernt.

- Locarno
  Im Süden der Schweiz, direkt am Laggo Maggiore gelegen, kann man auf der Kurzbahngolfanlage Golf Target Locarno Footgolf ausprobieren. Ab zehn Personen ist dies jederzeit mit obligatorischer Reservierung möglich.

Nax
Umgeben von den berühmten Walliser Skigebieten kann man nur 15 Kilometer von Sion entfernt im Ort Nax den Ball einlochen. Innerhalb der Öffnungszeiten des Restaurants ist das Spielen im Espace Mont-Noble jederzeit möglich.

- Oberkirch
  Im Herzen der Schweiz kann man unweit von Luzern beim Golfpark Oberkirch in Sursee auf der Pitch & Putt-Anlage jederzeit mit der ganzen Familie Footgolf kennenlernen. Der Kurzbahnparcours ist eine gute Möglichkeit für ein erstes Erlebnis der Faszination Footgolf.

- Serves/St. Genis
  Unweit des Genfer Flughafens kann man in den Sommermonaten täglich ab 16 Uhr auf dem 9-Loch-Parcours spielen. Die Anlage liegt auf der französischen Seite und besticht durch einen herausfordernden Kompaktkurs, der Spaß für die ganze Familie garantiert.

7.3 GRENZNAHE ANLAGEN

7.3.1 ELSASS/FRANKREICH

- Soufflenheim
  Nur eine halbe Autostunde von Baden-Baden entfernt liegt der von Bernhard Langer designte Golfparcours des Golfclub Soufflenheim. Auf dem 9-Loch-Golfplatz der Anlage kann man jeden Montagabend und jeden zweiten Samstagmorgen in verschiedenen Monaten des Jahres auf 18 Footgolflöchern den Footgolfsport ausprobieren.

- Straßburg
  Beim Golf du Fort in Straßburg gibt es einen 18-Loch-Platz für Footgolf, der nach Reservierung und ab zehn Personen jederzeit buchbar ist.

- Mooslargue
  Unweit von der Schweizer Grenze liegt der Golf Club de LaLargue. Knapp 30 Autominuten von Basel entfernt kann man auf dem 9-Loch-Academy-Golfkurs jederzeit Footgolf spielen und bekommt dank dem Spielen auf einem Golfkurs einen guten, ersten Eindruck.

- Longwy
  Direkt an der Grenze zu Luxemburg liegt der Golf International de Longwy und bietet Interessierten einen 9-Loch-Platz an. Der Footgolfparcours ist jederzeit offen und man kann mit Reservierung jederzeit auf dem Golfplatz Footgolf erlernen.

7.3.2 NIEDERLANDE

- Brunssum
  Bereits seit 2018 kann man im Golf-Resort Brunssummerheide Footgolf spielen. Nur 30 Autominuten von Aachen entfernt bieten die 18 Löcher auf dem Green-Kurs in schöner Kulisse beste Voraussetzungen, um Footgolf zu spielen. Auf der Anlage finden auch die Dutch Open statt.

- Susteren
  Direkt an der deutsch-niederländischen Grenze liegt Golfbaan Echt-Susteren mit der Möglichkeit für Footgolf. Nur knapp 45 Autominuten von Mönchengladbach entfernt gibt es die Möglichkeit an bestimmten Samstagen Footgolf kennenzulernen bzw. Termine zu vereinbaren.

Spaß haben und immer mit einem Lächeln spielen.

Vincent Huber, Schweizer, mehrfacher Schweizer Meister

FOOTGOLF
SLOVAKIA
FOOTGOLF
SLOVAKIA

8

8 DIE WICHTIGSTEN BEGRIFFE [1]

Für das bessere Verständnis im weiteren Verlauf des Buchs werden die gängigsten und wichtigsten Begrifflichkeiten auf einem Footgolfkurs erläutert.

Der (Footgolf-)Kurs

Ein Kurs umfasst das gesamte Gebiet innerhalb der vom Platzdesigner festgelegten Grenzen. Der Bereich außerhalb dieser äußeren Begrenzung gilt als Out of Bounds.

Das Fairway

Das Fairway ist ein klar definierter, vor allem kurz gemähter Bereich, der den Abschlagplatz mit dem Grün verbinden kann und eine Fläche, auf dem der Ball besonders gut rollt.

Die Tee-Box / Der Abschlagsbereich

Die Tee-Box ist der Ort, von dem aus die Spieler mit dem Spielen des entsprechenden Lochs beginnen. Es handelt sich um eine rechteckige Fläche mit einer Länge von zwei Metern, deren Vorderseite und Seiten durch äußere Begrenzungen mittels zwei Startmarkierungen definiert sind. Der Ball des Spielers muss innerhalb der markierten Abschlagszone platziert werden.

Das Grün

Dies ist der Bereich, in dem sich das Loch befindet. Dieser Bereich kann durch eine Linie von drei Metern um das Loch zusätzlich definiert werden.

1 *FIFG, Federation for International Footgolf, 2024*

Die Fahne

Die Fahne wird an einem Flaggenstock angebracht und symbolisiert neben dem Ziel auch die Mitte des Lochs.

Bunker

Ein Bunker ist eine Fläche aus Sand, die sorgfältig angelegt und vollständig von Gras oder natürlichem Gelände umgeben ist.

Wasserhindernisse oder Strafraum (frontal – gelb und seitlich – rot)

Ein Wasserhindernis ist in der Regel, wie der Name schon sagt, ein See, Flusslauf, Bach oder Ähnliches und muss mit gelben oder roten Pfählen und/oder Linien in denselben Farben auf dem Boden gekennzeichnet sein. In einer mit roten Stöcken gezeichneten Fläche ist das Spielen in der Regel erlaubt, aber ohne Anlauf.

Out of Bounds

Als Out of Bounds wird das Gelände bezeichnet, das außerhalb des Kurses liegt, oder Bereiche des Platzes, die durch weiße Pfähle und/oder weiße Linien auf dem Boden entsprechend markiert sind.

Drop Zone

Eine Drop-Zone ist ein vom Turnierveranstalter oder Platzdesigner festgelegter Ort, von dem aus die Spieler ihr Spiel wieder aufnehmen müssen, nachdem ihr Ball zum Beispiel in ein Wasserhindernis gespielt wurde.

Die Distanzen

Im Footgolf werden die Distanzen auf den einzelnen Bahnen gegenüber dem Golf angepasst. Es ist eine der wichtigsten Aufgaben im Kursdesign, die Distanz eines Lochs in Abhängigkeit von der Geländeform, möglichen Hindernissen und dem Schwierigkeitsgrad ausgewogen und realistisch zu bestimmen, da diese großen Einfluss unter anderem auf Spielgeschwindigkeit und Gleichberechtigung unter den Spielern haben.

Die Entfernungen der einzelnen Löcher variieren von Loch zu Loch entlang des Footgolfkurses und sind in der Regel zwischen 50 und 250 Meter lang. Ausnahmen bestätigen aber die Regel, es gibt auch Footgolfbahnen die bis zu 530 Meter lang sind.

Der Flight

Ein Flight bezeichnet eine Gruppe von Spielern, die gemeinsam eine Runde spielen. Dieser besteht meist aus drei bis vier Spielern, die nacheinander ihre Schläge ausführen. Jeder Spieler im Flight versucht, das Loch mit möglichst wenigen Schlägen zu erreichen.

Das Par

Die Parvorgabe beschreibt, wie viele Schläge ein guter Spieler durchschnittlich braucht, um das jeweilige Loch zu spielen, und ist somit auch ein Indiz für die Schwierigkeit bzw. Länge eines Lochs.

- **Par 3** bedeutet, dass ein Spieler das Loch in drei Schlägen schaffen sollte. Solche Löcher sind oft kürzer und schneller zu erreichen.
- **Par 4** bedeutet, dass ein Spieler vier Schläge benötigt, um das Loch zu spielen. Diese Löcher sind etwas länger und erfordern mehr Präzision.
- **Par 5** bedeutet, dass der Spieler das Loch in fünf Schlägen erreichen soll. Diese Löcher sind meist die längsten und am herausforderndsten.

Die Parvorgabe hilft dabei, das Spiel zu verstehen und die eigene Leistung einzuschätzen. Wenn ein Spieler die Vorgabe erreicht, nennt man das „Par spielen".

Par ist besser als Bogey.

Zul Hilmi, Malaie, malaysischer Nationalspieler

Wenn ein Spieler weniger Schläge als die Parvorgabe braucht, spricht man von folgenden Begriffen:

- **Birdie:** Ein Schlag unter Par. Zum Beispiel ein Par-4-Loch mit nur drei Schlägen zu beenden.
- **Eagle:** Zwei Schläge unter Par. Zum Beispiel an einem Par-5-Loch in nur drei Schlägen einzulochen.
- **Albatros:** Drei Schläge unter Par. In nur zwei Schlägen bei einem Par 5 die Bahn beenden.
- **Hole-in-One:** Wie der Name schon sagt, in einem Schlag einlochen.

Und wenn ein Spieler mehr Schläge als die Parvorgabe braucht, nennt man dies:

- **Bogey:** Ein Schlag über Par. Zum Beispiel ein Par-3-Loch in vier Schlägen zu spielen.
- **Doppelbogey:** Zwei Schläge über Par. Zum Beispiel ein Par-4-Loch mit sechs Schlägen zu beenden.
- **Triple Bogey:** Drei Schläge über Par.

Die Scorecard

Wie der Name schon sagt, dient eine Scorekarte zur Erfassung der Ergebnisse. Sie zeigt die Par-Werte für jede Bahn und bietet Platz, um die Anzahl der benötigten Schläge einzutragen. Am Ende der Runde ermöglicht die Karte eine einfache Übersicht und Auswertung des Gesamtergebnisses des Spielers.

Ich liebe es, Birdies zu machen.

Nyclas Nyberg, Swedish Tornado

Das Platzdesign

Im deutschsprachigen Raum ist keine Anlage bekannt, die nicht in einen Golfplatz oder eine Swing Golfanlage integriert ist und als eigenständige Footgolfanlage fungiert.

Da somit zumeist das grundsätzliche Design durch den Golfplatz genauso gegeben ist wie die sonstige Infrastruktur, richtet man sich nach diesen, um innerhalb der Vorgaben für Footgolf das Design einer Anlage zu definieren.

Auch wenn Footgolf als solches nicht viel braucht, um gespielt zu werden, gibt es doch einige Elemente beim Design eines Kurses zu beachten. Er sollte so angelegt werden, dass er für alle Spielertypen die Möglichkeit bietet, mit der gleichen Anzahl Schläge den Ball einlochen zu können. Daher muss in bestimmten Situationen für zusätzliche Abschlagszonen für bestimmte Spielkategorien gesorgt werden. Für einen geregelten und regelkonformen Ablauf gilt es auch, bei speziellen Hindernissen, die eine Gefahr für das Spieltempo darstellen können (zum Beispiel ein großes Wasserhindernis), für die entsprechende Spielbarkeit zu sorgen und gegebenenfalls sogenannte Drop Zonen festzulegen.

Auch die natürlichen Wetterbedingungen (starker Wind oder starker Regen) spielen bei der Planung eine Rolle und sollten berücksichtigt werden, um unspielbare Löcher zu vermeiden. Ein wichtiger Punkt ist auch, ein Kursdesign zu entwerfen, das ein angemessenes Spieltempo für die Spieler gewährleistet. Speziell was die Position der Fahne angeht, kann dies bei schlechter Planung zu massiven Zeitverlusten führen.

Großen Einfluss auf das Spieltempo aber auch die Spielstrategie haben das natürliche Design des Platzes und seine darin versteckten Herausforderungen, als auch die Bereiche wie Out of Bounds oder andere mit farblichen Stecken gezeichnete Gebiete und deren lokale Regelungen.

9

9 DIE (WICHTIGSTEN) FOOTGOLF-REGELN

9.1 DER GEIST VON FOOTGOLF

Footgolf ist ein Sport, der meist ohne die Aufsicht eines Marshalls gespielt wird. Das Spiel lebt somit von der gegenseitigen Achtung und dem Respekt gegenüber den anderen Spielern und den Regeln. Jeder Spieler sollte sich diszipliniert, freundlich und sportlich verhalten, unabhängig von seinem Leistungsniveau. Das ist das A und O und der Geist von Footgolf – und der sollte jederzeit gelebt werden. Daher kommt der Regelkunde auch ein gewichtiger Teil zu.

9.2 DIE GRUNDREGELN [2]

Das Ziel des Spiels Footgolf besteht darin, einen Ball mit dem Fuß von der Abschlagzone mit möglichst wenig Schüssen ins Loch zu bringen.

Im Verlauf des Spiels müssen die Spieler verschiedene Hindernisse überwinden, darunter Wasserhindernisse und Bunker, bevor sie das Grün erreichen. Das Grün stellt den Bereich dar, in dem sich das Loch befindet. Dabei obliegt die Festlegung der Grenzen, Hindernisse, Startpunkte sowie der Standorte für den Platz dem Komitee bzw. der zuständigen Behörde. Grundsätzlich ist es erforderlich, dass die Löcher von der Startposition aus nacheinander gespielt werden, da ansonsten sogar eine Disqualifikation erfolgt.

Die vom internationalen Weltverband definierten wichtigsten Regeln im Kurzüberblick:

- Im Footgolf muss jeder Schuss ein Schlag, sprich eine fließende Bewegung, ein Tritt sein. Ein Schieben oder Heben des Balls ist nicht erlaubt. Man darf ihn weder mit der Schuhsohle rollen noch mit dem Fuß anheben.
- Regelkunde – für ein reibungsloses und erfreutes Spiel ist Regelkunde essenziell
- Im Bunker ist Anlaufen verboten.
- Auf dem Grün muss der Ball in einem Radius von drei Metern markiert werden.

2 FIFG, Federation for International Footgolf, 2024

9.3 DIE ALTERSKATEGORIEN

Im Footgolf gibt es verschiedene Altersklassen, in denen man in einem Wettbewerb teilnehmen kann. Je nach Altersklasse hat dies Auswirkungen auf die Abschlagszone. So spielen die Damen und Senioren 55+ von sogenannten Ladies-Tees. Eine genauere Darstellung erfolgt im weiteren Verlauf des Buchs.

9.4 DIE SPIELFORMEN

9.4.1 ZÄHLSPIEL

Beim Zählspiel, Stroke-Play genannt, wird einfach jeder Schuss im Laufe einer Runde oder eines Turnieres gezählt. Im Rahmen dieser Spielform tritt jeder Spieler gegen jeden anderen Spieler an. Beim Zählspiel werden im Anschluss an jede einzelne Runde die Scorekarten zurückgegeben, auf denen die Anzahl Schläge der Runde angegeben sind. Der Spieler, der die vorgeschriebene(n) Runde(n) mit der geringsten Anzahl von Schlägen absolviert, wird als Sieger gekürt.

9.4.2 MATCH-PLAY

Eine weitere Spielform ist das sogenannte Match-Play. Wie man vom Namen ableiten kann, treten bei dieser Spielform zwei Parteien in einem Match gegeneinander an. Grundsätzlich gewinnt die Partei, der es gelingt, ihren Ball mit der geringeren Anzahl von Schlägen in das Loch zu befördern. Nach jedem Loch wird dem jeweiligen Sieger ein Lochsieg mit einem 1-0 notiert, bei einem Unentschieden logischerweise ein 0-0.

Nach Abschluss der entsprechenden Runde hat der Spieler gewonnen, der mehr Löcher für sich gewonnen hat. Wenn nach 18 Loch beispielsweise Spieler A sieben Löcher, Spieler B hingegen nur vier Löcher gewonnen hat (bei 7 Unentschieden), hat dies ein Resultat von 7 zu 4 zur Folge und Spieler A hat gewonnen.

9.5 SPIELFORMEN IM DOPPEL

Neben den Einzelwettbewerben gibt es auch regelmäßig Doppelwettbewerbe, die die Spieler auch gerne zum Kennenlernen des Parcours nutzen. Dabei gibt es verschiedene Spielformen im Doppel, bei denen immer zwei Spieler als Team antreten. Die drei bekanntesten Formen sind Greensome, Foursome und Fourball. Welche Spielform zur Anwendung kommt, bestimmen die Turnierorganisatoren.

Greensome

Bei dieser Spielform treten zwei Spieler als Team an, aber es wird nur ein Ball gespielt. Beide Spieler schlagen vom Tee ihren jeweils eigenen Ball ab. Danach wählt das Team den Ball aus, der ihrer Meinung nach besser liegt, und spielt von dort aus weiter. Ab diesem Punkt treten die Spieler abwechselnd gegen den Ball, bis er im Loch ist. Der Vorteil von Greensome ist, dass beide Spieler zu Beginn ihre eigenen Schüsse machen können, aber danach zusammenarbeiten müssen.

Foursome

Bei dieser Spielform gibt es je Team von Anfang an nur einen Ball. Die beiden Spieler schießen abwechselnd, unabhängig davon, wer den Ball wohin spielt. Einer schießt also immer vom Abschlag, der andere dann den nächsten Schlag, und so weiter. Diese Spielform erfordert eine besonders gute Abstimmung und Kommunikation zwischen den beiden Spielern, da sie abwechselnd spielen und es wichtig ist, sich auf den anderen zu verlassen. Wer den ersten Schlag macht, kann vor jedem Loch neu definiert werden.

Fourball

Im Fourball bilden zwei Spieler ein Team und jeder Spieler spielt seinen eigenen Ball. An jedem Loch zählt für das Team jedoch nur das bessere Ergebnis. Wenn also ein Spieler auf einer Bahn besser abschneidet als sein Partner, wird nur dieses Ergebnis gewertet. Das gibt jedem Spieler die Chance, sein Bestes zu geben, und das Team hat eine größere Chance, einen guten Score zu erreichen.

Die verschiedenen Spielformen im Doppel bringen unterschiedliche Herausforderungen mit sich. Manchmal stehen eher das Strategische und die Teamarbeit sowie Abstimmung im Vordergrund (wie bei Foursome), und manchmal kann jeder Spieler sein individuelles Können einbringen (wie bei Fourball), was aber auch hinsichtlich Spielstrategie ein spannendes Element sein kann.

9.6 DIE STARTVARIANTEN

Im Footgolf gibt es im Turniermodus zwei Varianten für den Start der jeweiligen Runde: den Tee-Time-Start und den Shotgun-Start.

Tee-Time-Start: Zu einer bestimmten Uhrzeit, der Tee-Time, starten die Spielergruppen (der Flight) an Loch 1. Die Abstände zwischen den Flights sind so geplant, dass sich niemand ins Gehege kommt. So startet jeder Spieler am selben Loch und folgt dem Kurs in der üblichen Reihenfolge. Die Teilnehmeranzahl kann aber bei dieser Variante um einiges höher sein als beim Shotgun. Der Turnierverlauf dauert aber in der Regel länger, da die Spieler nacheinander starten. Je nach Wetter oder Lichtverhältnissen kann es auch zu unterschiedlichen Bedingungen kommen.

18	06:59 h
Özcan Cezan	Seniors
Garrie Wardley	Seniors
José Soria	Seniors
Malte Commandeur	Seniors

Der Shotgun-Start: Wenn alle Spieler zur gleichen Zeit an verschiedenen Löchern starten, spricht man vom Shotgun-Start. So startet ein Flight zum Beispiel an Loch 1, die nächste Gruppe an Loch 2 und so weiter. In dieser Variante sind alle gleichzeitig auf dem Platz unterwegs und die Turnierdauer ist planbarer und meist kürzer. Es bedarf aber etwas mehr Planung und vor allem Organisation, um die Spieler über die Anlage zu verteilen.

In beiden Startvarianten sollte man nicht zu spät kommen, da der Flight zur geplanten Tee-Time starten wird, sogar muss. Und dann gilt: Für jedes Loch, das verpasst wird, wird das Par +10 gezählt. Das heißt bei einem Par 4 wird auf der Scorecard 14 gezählt.

9.7 DIE ETIKETTE UND GRUNDREGELN

Der internationale Verband (FIFG) verfolgt eine strikte Politik des regelkonformen und vorbildlichen Verhaltens während der Footgolfturniere. Dazu gehört auch eine angemessene Kommunikation in den Medien, was speziell die sozialen Medien inkludiert.

Zu den wichtigsten Aspekten der richtigen Etikette und des Verhaltens gehört das Vermeiden folgender Handlungen:

- Beleidigendes oder bedrohliches Verhalten oder Sprache, auch über soziale Medien
- Werfen oder Treten des Balls im Zorn
- Mutwillige und offensichtliche Zerstörung, Missbrauch von oder Vandalismus an Eigentum, einschließlich Tieren und Pflanzen
- Anhaltende Ignoranz gegenüber der Etikette auf dem Golfplatz
- Rauchen, einschließlich elektronischer Zigaretten, während des Turnierspiels auf dem Platz
- Versäumnis, den Bunker nach dem Spiel zu glätten
- Hören von Musik während des Spiels (einschließlich Kopfhörer)
- Tragen von Kleidung mit Logos von Footgolf-Organisationen, die nicht der FIFG angehören

Außerdem wird das folgende Verhalten zu keiner Zeit akzeptiert und führt zur sofortigen Disqualifikation:

- Besitz von illegalen Substanzen
- Betrug oder vorsätzliche Täuschung
- Besitz und Konsum von Alkohol vom Beginn des Spiels bis zur Abgabe der Scorecard
- Grundsätzlich übermäßiger Alkoholkonsum auf dem Wettbewerbsgelände
- Versäumnis oder Weigerung, die Footgolf-Regeln durchzusetzen, einschließlich aggressiven oder beleidigenden Verhaltens

9.8 STRAFENKATALOG

Die Konsequenz eines Regelverstoßes ist ein Strafschlag, sofern nicht anderweitig geregelt. Ein Strafschlag wird für jede nachgewiesene Regelverletzung verhängt und kann für die Löcher Anwendung finden, die bereits gespielt wurden. Wiederholte Regelverletzungen können genauso zur Disqualifikation führen wie wenn das Turnierkomitee feststellt, dass sich ein Spieler eines schweren Verstoßes gegen die Etikette schuldig gemacht hat.

Grundsätzlich sind aber die Spieler untereinander für die Einhaltung der Regeln verantwortlich.

9.9 DER SPIELABLAUF

9.9.1 DER START

Es gehört zur Etikette und zur persönlichen Vorbereitung sich mindestens zehn Minuten vor der eigenen Tee-Time am Abschlag, meist Loch Nummer 1, einzufinden. Dies ist auch deshalb notwendig, weil diese Zeit vom Turnierveranstalter genutzt wird, um die sogenannten Local Rules und/oder weitere Besonderheiten zu erläutern. Unter Local Rules versteht man, wenn etwas vor Ort zusätzlich oder abweichend zu den gängigen Regeln zum Tragen kommt, oder es auf dem Kurs zum Beispiel bestimmte Stellen gibt, die unspielbar sind und eine straffreie Umsetzung des Balles erlaubt ist.

9.9.2 ERGEBNISSE

Vor Beginn des Spiels werden die Scorekarten im Uhrzeigersinn getauscht und man notiert somit als „Marker" das Ergebnis des Spielers der Scorekarte und als „Scorer" sein eigenes Ergebnis zur Kontrolle. Nach jedem Loch wird der Spielstand überprüft und notiert und am Ende der Runde wird die Scorekarte von Spieler und Marker unterschrieben. Sollten dem Turniergremium Unstimmigkeiten auffallen, kann dies nicht nur zur Korrektur des Ergebnisses führen, sondern auch Strafen nach sich ziehen. Zur Klärung des Sachverhaltes und Bestimmung des korrekten Ergebnisses führt das Gremium notfalls eine Anhörung durch. Mittlerweile gibt es auch immer mehr Apps, die für die Ergebnisse genutzt werden. Die haben zum einen zur Folge, dass Ergebnisse schneller kontrolliert werden können, aber auch, dass ein Livescore den Spielern sowie allen Interessierten angeboten werden kann. Das Prozedere bleibt aber gleich.

9.9.3 ZÄHLWEISE

Beim Strokeplay zählt jeder Schlag, der bis zur Beendigung der einzelnen Bahn gebraucht wird. Zu zählen sind dabei auch jeweils etwaige Strafschläge, die durch die Footgolfregeln definiert sind. Die maximale Schlagzahl je Bahn ist immer +10 der Parvorgabe des jeweiligen Lochs. Bei einem Par 3 wäre dies dann 13.

9.9.4 DER ABSCHLAG

Abgesehen vom Start am ersten Loch, wo entweder gelost oder nach Reihenfolge gespielt wird, schlägt immer der Spieler mit dem besten vorherigen Ergebnis zuerst ab. Beim Footgolf schlägt immer der Spieler mit dem besten Ergebnis des vorherigen Lochs zuerst ab. Danach folgen die anderen Spieler in der Reihenfolge ihrer Ergebnisse, beginnend mit dem nächstbesten. Falls erforderlich, wird die Reihenfolge auch über mehrere Löcher hinweg rückwirkend bestimmt, um sicherzustellen, dass die korrekte Reihenfolge basierend auf den erzielten Ergebnissen eingehalten wird. Grundsätzlich muss man den Ball innerhalb der Markierungen platzieren und kann dabei bis zu zwei Meter hinter den Markierungen abschlagen.

9.9.5 AUF DEM FAIRWAY

Auf dem Fairway spielt immer der Spieler zuerst, der am weitesten vom Loch entfernt ist. Sollte ein Ball eines Mitspielers im Weg sein oder in einer Position, die dem Spieler einen Vorteil verschaffen könnte, muss der Mitspieler seinen Ball mit dem runden Ballmarker markieren und den Ball entfernen. Sollte man mit dem Schuss einen anderen Ball auf dem Fairway treffen, muss der getroffene Ball an die ursprüngliche Position zurückgelegt werden, während der eigene Ball ab der Position gespielt wird, wo er liegen bleibt.

9.9.6 DAS GOLFGRÜN

Um die Bahn zu beenden, darf man beim Putten den Ball mit den Zehen (Spitzkick) oder der Innenseite schlagen, aber nicht mit der Schuhsohle rollen. Es muss immer ein Schlag sein. Die Golffahne darf im Übrigen vor dem Schlag entfernt werden. Sollte der Ball zwischen Fahne und Loch steckenbleiben, muss der Spieler die Fahne senkrecht entfernen. Fällt der Ball dann ins Loch, gilt es als „eingelocht". Ansonsten muss der Ball ohne Strafschlag an den Rand gelegt werden.

Der Fußball muss auf dem Grün und innerhalb eines Radius von drei Metern markiert werden. Kommt man dieser Regel nicht nach und der eigene Ball wird von einem anderen Fußball getroffen, werde beide Spieler mit einem Strafschlag bestraft. Dabei ist die richtige Art, den Ball zu markieren, den Ballmarker hinter dem Ball in einer Linie mit dem Loch zu platzieren. Weiterhin dürfen die Spieler nicht in der Puttinglinie eines anderen Spielers stehen (hinter und vor ihm) oder einen Schatten auf die Puttinglinie werfen.

Wenn der Ball zunächst stehenbleibt, dann aber doch innerhalb von zehn Sekunden ins Loch fällt, gilt er noch als eingelocht, wenn er nicht mit dem „Stop" geblockt wurde und in der Zwischenzeit kein anderer Spieler gespielt hat.

9.9.7 IM BUNKER

Wenn der Ball im Bunker liegt, darf man keinen Anlauf nehmen und auch nicht „schaufeln", indem man den Fuß unter den Ball legt. Beim Verlassen des Bunkers ist es obligatorisch, die Spuren mit der Harke zu beseitigen.

9.9.8 PENALTY AREAS - WASSER UND OUT OF BOUNDS

Wenn der Ball in ein Wasserhindernis gerät, gibt es verschiedene Möglichkeiten, mit der Situation umzugehen. So kann man entweder mit einem Strafschlag von der Stelle aus spielen, wo der Ball liegt (ohne Anlauf), oder den Ball mit einem

Strafschlag von der Stelle spielen, an der man zuletzt gespielt hat. Zusätzlich hat man die Möglichkeit, den Ball innerhalb von zwei Metern von der Eintrittsstelle mit einem Strafschlag zu spielen, oder beliebig weit zurückgehen entlang einer Linie, die die Eintrittsstelle mit der Position verbindet, von wo man gespielt hat. In beiden genannten Möglichkeiten, darf die Position des Balles niemals näher zur Fahne sein als die Eintrittsstelle ins Wasser.

Wichtig zu wissen ist, dass wenn der Fußball das Hindernis ausreichend überquert hat, meist gekennzeichnet durch rote Pfosten oder Linien, man von der Stelle spielen kann, an der er ins Wasser gefallen ist.

Im Falle, dass man den Ball in das sogenannte Out of Bounds schießt, muss man zu der Stelle zurückkehren, an der man zuletzt geschlagen hat und den Schuss mit einem Strafschlag erneut ausführen.

Sollte der Ball in einem mit roten Stöcken markierten Bereich sein, darf man den Ball ohne Anlauf spielen, ohne dabei das Terrain zu verändern.

9.9.9 SPIELEN AUS UNWEGSAMEM GELÄNDE

Sofern der Fußball in unwegsames Gelände geflogen ist und von der Position aus spielbar ist bzw. man versuchen möchte zu spielen, darf nichts an der Umgebung geändert werden. Dazu zählt: kein Niedertrampeln vor oder hinter dem Ball, kein Entfernen von jedweden Wurzeln, Ästen, Pflanzen, oder Sonstigem, sofern diese nicht lose herumliegen. Sollte sich der Ball beim Entfernen loser Gegenstände bewegen, darf er straffrei zurückversetzt werden. Weiterhin darf man sich bei der Schussabgabe an keinen Gegenständen oder Dingen festhalten.

9.9.10 BALLPOSITION EINLOGGEN

Da es aufgrund des Terrains oder der Wetterbedingungen dazu kommen kann, dass sich der Ball bewegt, kann man immer „Stop!" rufen, sobald der Ball zum Stillstand gekommen ist. Man kann ihn dann auch vorsorglich markieren. Sofern sich der Ball dann bewegt haben sollte, kann man ihn entsprechend an die Markierung zurücklegen. Aufheben darf man den Ball aber nur, wenn ein anderer Spieler dazu auffordert.

9.9.11 SPIELGESCHWINDIGKEIT

Die Spieler sind gehalten, stetig für einen reibungslosen und vor allem zügigen Spielablauf zu sorgen. Verzögerungen durch zu langsames Spielen, durch zum Beispiel zu ausgiebigen Lesen der Linie, kann zu Sanktionen bis hin zur Disqualifikation führen. Als Grundsatz gilt eine 60-Sekunden-Regel je Spieler zur Durchführung des Schlages.

9.9.12 SONSTIGES SPIELVERHALTEN/SPIELREGELN

Während einer Runde ist es zwar erlaubt, Spieler um Rat zu fragen. Dies gilt aber nur für Spieler innerhalb der Gruppe. Grundsätzlich dürfen aber keine Spieler bzw. Ratgeber bei der Schussausführung in der Richtung bzw. Linie des Schlages stehen. Sofern man vor Beginn der Runde einen Caddie (eine Begleitperson) bestimmt, muss dieser entsprechend ausgewiesen sein und kann auch als beratende Person genutzt werden.

Den Ball darf man nur zwischen den einzelnen Löchern austauschen oder anpassen. Das heißt, während ein Loch gespielt wird, darf man nicht den Luftdruck ändern oder einen anderen Ball verwenden. Gleiches gilt im Übrigen für das Wechseln von Kleidern bzw. Schuhen.

10

10 DIE VERBÄNDE

10.1 SCHWEIZER FOOTGOLF VERBAND

Eine Legende besagt, dass der Ursprung von Footgolf in der Schweiz kurz vor der Jahrtausendwende liegt, als ein gewisser Julien mit einem Freund im Parc des Moraines versuchte, einen Golfball zu schlagen. Doch anstatt dass der Golfball beim Versuch den Ball zu treffen in die Ferne flog, zerbrach die Fensterscheibe eines benachbarten Hauses. Besagter Julien griff also schnell wieder zu seinem Lieblingsaccessoire, einem Fußball. So wurden die ersten Footgolf-Schläge in der Schweiz gespielt.

In den Anfängen spielten die Schweizer Pioniere in öffentlichen Parks, mit Wegen als Wasserflächen und Bäumen, die als Ziele dienten. Ein spielerischer, geselliger Sport, der in Grünanlagen ausgeübt wird und bei dem Fairness und ein schönes Spiel im Vordergrund stehen: Das waren die Zutaten, die eine Gruppe von Freunden zur Gründung der Association Suisse de Footgolf (ASFG) veranlasste. Der Schweizer Footgolf Verband gilt dabei mit seiner Gründung im Jahr 2009 als einer der ersten offiziellen Verbände im internationalen Footgolf. Hier treffen wir Julien Babel aus der erwähnten Legende wieder, den allerersten Präsidenten in der Geschichte im Schweizer Footgolf.

Was folgte als Nächstes? Im Jahr 2010 spielte man in einem Genfer Park die erste inoffizielle Schweizer Meisterschaft aus, bis man 2013 den ersten Footgolfkurs eröffnen konnte und die Schweiz in den Jahren 2014 und 2015 sogar zwei Einzel-Europameistertitel durch David Mancino und Lionel Jacot gewinnen konnte. So begann die Geschichte von Footgolf Schweiz bereits in ihren Anfängen mit Paukenschlägen. Diese Titel waren genauso wichtige Meilensteine für die Entwicklung des Sports wie die erste offizielle Schweizer Footgolf-Meisterschaft im Jahr 2015. In den darauffolgenden Jahren machte sich die ASFG daran, über die Grenzen des Kantons Genf hinaus zu expandieren. Waadtländer, Walliser und bald auch Basler und Luzerner schlossen sich dem verrückten Footgolfabenteuer an. Im Jahr 2018 wurden die ersten Vereine gegründet, wodurch eine lokale Bindung an diesen Sport geschaffen werden konnte. Alle Ampeln schienen auf Grün zu stehen für eine schnelle und nachhaltige Entwicklung, die den beliebtesten Sport der Welt mischt, aber auch eine der komplexesten Sportarten darstellt, die es zu begreifen gilt.

Trotz intensiver Hintergrundarbeit ist es leider in der Schweiz sehr schwierig, Partnerschaften mit Golfplätzen zu gewinnen, was das weitere Wachstum des Verbandes aber auch der Vereine erschwert. Es bleibt zu hoffen, dass sich mehr und mehr Golfplätze für eine neue Sportart, und damit auch einer neuen Zielgruppe und Einnahmequelle öffnen.

Bis heute zählen die Schweizer Footgolfer zu den besten der Welt und die Schweiz ist eines der wenigen Länder, die sich seit den ersten Durchführungen mit ihrer Nationalmannschaft für jede Welt- und Europameisterschaft qualifiziert haben. Heute organisiert der Schweizer Footgolf Verband jedes Jahr in der gesamten Schweiz die Swiss Tour und macht dabei zum Teil an einzigartigen Golfplätzen halt.

10.2 DEUTSCHER FOOTGOLF VERBAND

Auch wenn in Deutschland Footgolf schon länger gespielt wird, ist der Deutsche Footgolf Bund (DFGB) ein noch junges Mitglied im internationalen Verband. Gegründet im Jahr 2021, ist der DFGB erst seit Januar 2023 Mitglied im internationalen Verband.

Seither arbeitet der Verband mit Nachdruck daran, die Strukturen und Turnieraktivitäten zu verbessern und vor allem wachsen zu lassen.

Heute organisiert der Deutsche Footgolf Verband einige regionale und nationale Turniere und kümmert sich um die Förderung des Nachwuchses, damit der Sport in Deutschland weiterwächst. Eine große Hilfe sind dabei die German Open in Mudau sowie die stetig wachsende Anzahl an Footgolfanlagen. Der Verband setzt sich mit Leidenschaft für die Verbreitung des Sports ein und ist stolz, dass ein „Team Deutschland" an der Weltmeisterschaft in den USA teilnehmen konnte.

10.3 ÖSTERREICHISCHER FOOTGOLF VERBAND

Leider gibt es in der Zwischenzeit keine Verbandsstrukturen mehr in Österreich. Seit 2021 sind die offiziellen Aktivitäten im Footgolf eingestellt. Die Austrian Open waren aber immer ein Highlight und werden bis heute von den Spielern vermisst.

10.4 FIFG UND DIE REGIONALVERBÄNDE

Die Federation for International Footgolf (FIFG) wurde am 3. Juni 2012 in der Nähe von Budapest, Ungarn, während des ersten Footgolf World Cups gegründet und hat mittlerweile seinen Sitz in Lausanne in der Schweiz.

Seit der Gründung durch die mutigen Vorreiter aus den acht Ländern, Argentinien, Niederlande, Ungarn, Belgien, Chile, Italien, Spanien und den Vereinigten Staaten, besteht die Hauptaufgabe der Federation for International Footgolf darin, die weltweite Anerkennung des Footgolfsports zu fördern. Sie beaufsichtigt die internationale Entwicklung und das Wachstum, um allen Spielern auf der ganzen Welt ein gleichberechtigtes Spiel zu ermöglichen. Um dieses Ziel zu erreichen, ist die FIFG für die internationalen Spielregeln und die Statuten von Footgolf verantwortlich, an die sich alle Mitglieder halten müssen.

Für eine nachhaltige Entwicklung des Sports hat die FIFG für die Mitglieder auch (sportliche) Kriterien festgesetzt. So muss ein Mitglied eine nationale Organisation sein, wobei die Generalversammlung des Mitglieds die oberste Instanz ist. Weiterhin muss das Mitgliedsland drei oder mehr Turniere auf mindestens zwei Golfplätzen innerhalb eines Jahres nach den Richtlinien der FIFG organisieren. Durch diese

Maßnahme hat es der Sport geschafft, dass die Spieler im Grunde über den Globus verteilt das ganze Jahr über an Wettbewerben der verschiedenen Kategorien teilnehmen können. Während sich das Turniergeschehen in der Mitte des Jahres hauptsächlich in Europa abspielt, finden die Turniere in Asien eher im Herbst statt, genauso wie in Südamerika.

Für das weitere Wachstum wurden über die Jahre Strukturen geschaffen, damit der Sport auf allen Ebenen gespielt werden kann. So hat man neben den globalen Handlungen und Richtlinien mittlerweile die Regionalverbände – Nordamerika, Südamerika, Europa, Afrika und Asien/Ozeanien – etabliert. Allein in der Region Europa zählen mittlerweile 22 Länder zu den Mitgliedsstaaten. Dabei erkennt die Federation for International Footgolf nur ein Mitglied pro Land an. Länder, die derzeit nicht durch ein Mitglied vertreten sind, können einen Antrag auf Mitgliedschaft stellen.

Seit Bestehen ist der Verband und der Sport im Allgemeinen im Wachstum. Im Laufe der letzten Jahre ist die Anzahl der Mitgliedsländer stetig gestiegen. Anfang 2024 zählten insgesamt 41 Länder zu den Mitgliedern der FIFG, mit dem realistischen Ziel, im Jahr 2025 auf über 70 Länder zu wachsen. Das zukünftige Wachstum und auch der Fokus liegen vornehmlich in den Regionen von Afrika und Asien.

Da im Footgolf Ethik und Verantwortung großgeschrieben werden, ist es ein wichtiger Bestandteil der Mitgliedscharta, dass die Landesverbände Maßnahmen zur Förderung von Gleichberechtigung, Fairplay und Anti-Doping ergreifen.

Für den großen Traum einer olympischen Sportart gibt es noch viel zu tun, um alle notwendigen Bedingungen von IOC und Co. zu erfüllen, aber man bringt die Dinge für ein nachhaltiges Footgolf auf den Weg. So hat es erstmalig in der Geschichte des Sportes bei der Europameisterschaft 2024 in der Türkei Dopingkontrollen durch die International Testing Agency (ITA) gegeben. Zum einen deckt sich dies mit der Ethikcharta des Sportes, zum anderen ist dies einer der wichtigen Nachweise, die zu erbringen sind, um in den Augen eines IOC als Sport anerkannt zu werden.

11

11 DIE AUSRÜSTUNG

Im Footgolf gibt es zwar nur wenige Dinge, die man beachten muss, doch das richtige Equipment und die Einhaltung der Regeln sind entscheidend. Neben der Kleidungsetikette, die im Turniermodus zwingend eingehalten werden muss, braucht man vor allem zwei Dinge: einen Fußball und passendes Schuhwerk. Was im Detail zu beachten ist, welche Ausrüstungsgegenstände erlaubt sind und welche laut den offiziellen Statuten verboten sind, erfährst du in diesem Kapitel. Hier gibt es einen umfassenden Überblick, um bestens für das nächste Footgolf-Spiel vorbereitet zu sein.

11.1 DER FUSSBALL

Es ist ausschließlich ein Fußball der Größe 5 erlaubt, dessen Gewicht von den gängigen Klassifizierungen der FIFA für einen Matchball der Größe 5 definiert ist. Der Umfang muss zwischen 68 und 70 Zentimeter betragen, das Gewicht zwischen 400 und 500 Gramm liegen, und er darf nur mit Luft aufgepumpt werden.

Dabei hat jeder seinen eigenen Ball. Es wird auch im Turnier kein Ball zur Verfügung gestellt. Somit geht es abgesehen von den Vorgaben für Größe und Gewicht ausschließlich darum, welcher Fußball einem am besten liegt. In der Historie des Sports haben sich interessanterweise die Bälle aus den Jahren 2006 bis 2011 als sehr geeignet herausgestellt. Bekannt sind unter anderem Modelle wie Jabulani (WM Südafrika) oder auch der Teamgeist von der Weltmeisterschaft 2006 in Deutschland. Es gibt mittlerweile auch einige kleinere Hersteller, die versuchen einen für Footgolf geeigneten Fußball herzustellen.

Im Gegensatz zu den Vorlieben der Fußballer, wo man dem Ball gerne viel Effet mitgeben können möchte, geht es beim Footgolf eher darum einen Ball zu haben, der wenig(er) anfällig für Effet ist, aber dafür sehr gerade fliegt und vor allem aufgrund seiner Oberfläche ein gutes Rollverhalten hat. Jeder Meter zählt im Footgolf.

Etwaige Manipulationen oder Veränderungen am Ball sind nicht erlaubt.

11.2 DIE KLEIDUNG

Im offiziellen Footgolf herrscht (für Turniere) eine strikte Kleideretikette, die es einzuhalten gilt. So muss ein Polo mit Kragen getragen werden, eine knielange Golfshorts (Shorts oder Rock für Frauen) ist genauso vorgeschrieben wie kniehohe Socken, zu denen der Fußballer gerne Stutzen sagt. Es ist im Übrigen obligatorisch, dass die Socken während des Spielens auch bis zum Knie hochgetragen werden müssen.

Beim Kopfschmuck sind flache Kappen oder Golfmützen erlaubt.

Wetterangepasste Kleidung ist erlaubt.

Als Grundlegel kann man sich merken:

- Oberkörper: Hemd mit Kragen
- Unterkörper: Shorts im Golfstil und kniehohe Socken
- Schuhe: Turnschuhe für die Halle oder für den Kunstrasen
- Kopf (optional): flache Kappe oder Golfmütze

11.3 DAS SCHUHWERK

Beim Schuhwerk sind maximal Schuhe für die Halle oder Kunstrasen, sogenannte Tausendfüßler, erlaubt. Die unter Fußballern bekannten Noppen- oder Stollenschuhe sind strikt verboten. Um ein gefährliches Ausrutschen auf dem Golfplatz zu vermeiden, sollte man nicht unbedingt auf die Option Hallenschuhe zurückgreifen.

Modifikationen an den Schuhen wie eine verstärkte oder veränderte Spitze sind nicht erlaubt. Fun Fact, barfuß spielen ist auch verboten.

11.4 SONSTIGE AUSRÜSTUNG

In Sachen Ausrüstung ist im Footgolf einzig der sogenannte Ballmarker vorgeschrieben. Der Marker dient dazu, im Fall der Fälle die Position des Balles zu markieren und den Ball zum Beispiel aus der Spiellinie des Mitspielers zu nehmen. Im Detail: Er muss zylindrisch und flach sein und darf nicht mehr als 60 Millimeter Durchmesser und fünf Millimeter Höhe haben. Vereinfacht ausgedrückt ist ein Ballmarker in seinen Dimensionen ähnlich wie ein Pokerchip.

Fun Fact: Die zum Teil sehr ausgefallenen und persönlichen Marker sind auch ein beliebtes Tauschobjekt oder Souvenir unter den Spielern.

In den letzten Jahren hat sich wie beim Golf das Nutzen eines Tees beim Abschlag durchgesetzt. Das Tee darf auch ausschließlich beim Abschlag genutzt werden. Es ist natürlich im Gegensatz zu dem bekannten Golftee dem Fußball entsprechend grösser und wird in den Größen 2 Zentimeter Höhe mal 4 Zentimeter Innendurchmesser mal 7 Zentimeter Sockel vorgeschrieben. Hier gibt es verschiedene Varianten.

Darüber hinaus zählt alles zur Ausrüstung, was vom Spieler getragen oder mitgeführt wird. In der Regel sind das ein Rucksack für einen zusätzlichen Ball, Getränke

oder Snacks sowie Handtuch oder Schirm. Interessanterweise gehört im offiziellen Regelwerk ein Caddie auch zur Ausrüstung. Jegliches mobile Gerät wie zum Beispiel ein Entfernungsmessgerät muss lautlos sein. Golfcarts werden bei Turnieren eher selten genutzt, es gilt bei Verwendung aber die lokalen Vorschriften der Nutzung und Wege einzuhalten.

12

12 DAS TRAINING IM FOOTGOLF

12.1 DIE BASICS

Die Grundlagen im Footgolf sind einfach zu erlernen. Im Grunde geht es erst einmal darum, einfach gegen den Ball zu schlagen. Aber im Gegensatz zum Fußball, wo der Fokus oft auf Geschwindigkeit und Teamspiel liegt, geht es im Footgolf vor allem um Präzision und Kontrolle. Um den Fußball mit möglichst wenigen Schüssen in das Loch zu befördern, ist das Gespür für Distanz und Platzdesign der entscheidende Faktor für ein erfolgreiches Footgolfspiel. Da die Längen zu den Löchern variieren und die Hindernisse auf dem Platz eine zusätzliche Herausforderung darstellen, ist ein gutes Gefühl für Kraft und Technik eine wichtige Grundlage. Neben dem körperlichen und technischen Teil sind ein klarer Kopf und die richtige Einschätzung der Entfernung genauso wichtig wie das Wissen, wann ein kraftvoller oder sanfter Schuss nötig ist. Es beginnt mit einem kraftvollen Abschlag, dann folgen kontrollierte Annäherungsschüsse, bis schließlich der entscheidende Putt gespielt wird.

Wie im Golf gibt es aus strategischer Sicht verschiedene Situationen bzw. Schüsse, die zur Anwendung kommen. Die Grundtechniken sind stark mit den bekannten vom Fußball verwandt. Die effektive Anwendung ist aber im Footgolf den situativen Herausforderungen und der gewinnbringenden Strategie angepasst.

Bevor diese näher erläutert werden, ein kurzer Überblick auf welche Schusstechniken im Grundsatz zurückgegriffen wird:

1. **Spannschuss**
Der Spannschuss ist einer der kraftvollsten Schüsse im Footgolf und wird oft für weite Distanzen eingesetzt. Bei diesem Schuss trifft man den Ball mit dem Spann, also dem oberen Teil des Fußes. Das sorgt für hohe Geschwindigkeit und eine gerade Flugbahn. Der Spannschuss eignet sich besonders gut für den Abschlag, wenn man den Ball weit nach vorne bringen möchte.

2. **Innenseitenschuss**
Der Innenseitenschuss ist die präziseste Schussart im Footgolf. Dabei trifft man den Ball mit der breiten Fläche der Innenseite des Fußes, was gute Kontrolle über Richtung und Geschwindigkeit gibt. Der Innenseitenschuss eignet sich perfekt für

Zielannäherungen und Schüsse, bei denen es auf Genauigkeit ankommt, wird aber auch beim Abschlag verwendet.

3. **Spitzkick**

Der Spitzkick wird ausgeführt, indem man den Ball mit der Spitze des Fußes trifft. Dadurch erhält der Ball einen schnellen, direkten Impuls, allerdings ohne die gleiche Präzision wie beim Innenseitenschuss. Der Spitzkick wird oft für kurze, schnelle Schüsse genutzt, wenn man den Ball beispielsweise aus dem hohen Gras oder einem engen Bereich herausspielen muss.

Unabhängig von verschiedenen Techniken und Taktiken ist allgemein Folgendes sehr wichtig:

- Glaube an sich selbst: Footgolf ist auch viel Frustration und Selbstzweifel. Wichtig ist, sich daran zu erinnern, was man kann.
- Spaß haben: Mit mehr Freude am Spiel steigt der Genuss am Spiel.

Weiter trainieren, lernen und das Spiel genießen.

Zul Hilmi, Vizemeister Malaysia

12.2 DER ABSCHLAG

Der Abschlag ist der erste Schuss an jedem Loch und allein damit einer der wichtigsten Schläge im Footgolf, da er den Grundstein für den weiteren Verlauf legt. Ein guter Abschlag kann dabei helfen, den Ball weit und präzise in Richtung des Lochs zu befördern, um eine bessere Position für die nächsten Schläge zu sichern. Dabei kommen die verschiedensten Schusstechniken zum Einsatz. Es gibt regeltechnisch keine technische Vorgabe für die Wahl des Schusses, sodass je nach Präferenz des Spielers jegliche Techniken verwendet werden. Vom klassischen Spannschuss über den Schuss mit der Innenseite bis hin zum Spitzkick kommt alles vor.

Der Spieler sollte dabei nicht nur die allgemeine Distanz des Lochs im Blick haben, sondern auch die am Kurs befindlichen Hindernisse wie Bäume, Hügel, Bunker oder Wasserhindernisse berücksichtigen. Ein kraftvoller Schuss ist wichtig, aber mindestens genauso entscheidend, wenn nicht sogar noch wichtiger, ist es, die Richtung genau zu treffen, um sich eine gute Ausgangsposition für die nächsten Schläge zu sichern.

Für einen guten Abschlag (oder auch Weitschuss auf dem Fairway) wichtig sind:

1. **Die Körperhaltung:** Eine gute Körperhaltung ist entscheidend, um einen kraftvollen und vor allem kontrollierten Abschlag zu machen. Man sollte darauf achten, aufrecht zu stehen und im Oberkörper stabil zu bleiben. Für die perfekte Kraftübertragung sollte das Standbein neben dem Ball positioniert sein.

2. **Der Treffpunkt des Balls:** Ein guter Treffpunkt macht den Unterschied. Sowohl was die Distanz angeht, aber auch hinsichtlich des Kraftaufwandes. Sofern man den Abschlag hoch und weit spielen möchte, sollte man den Ball im unteren Drittel treffen. Da es im Footgolf viel um Präzision und Taktik geht, kann bereits beim Abschlag ein eher flacher Schuss mit der Innenseite zum Einsatz kommen, bei dem man den Ball eher mittig treffen sollte, um ihn flach zu halten. Ein Treffpunkt zu weit oben oder zu seitlich wirkt sich negativ auf Richtung, Distanz und Kraftverbrauch aus.

3. **Der Schwung:** Beim Schwung gilt es, das perfekte Zusammenspiel zwischen Kraft, Schwung und Kontrolle zu finden. Der Schwung des Beins sollte immer kraftvoll und kontrolliert sein. Für die maximale Kraftübertragung sollte der Ball mit der Mitte des Fußes getroffen werden. Wichtig ist dabei auch, den Fuß beim Treffpunkt sehr stabil und gerade zu halten.

4. **Die Konzentration:** Die Konzentration sollte nur auf den Ball und das notwendige Ziel gerichtet sein, und nicht ausschließlich auf die Fahne. Alles andere ist im Moment des Abschlages unwichtig und man sollte sich von Nichts ablenken lassen.

Den Abschlag (oder Weitschuss) trainieren

Routine, Routine, Routine. Das gilt für den Abschlag mehr als für alle anderen Schläge im Footgolf. Somit ist es wichtig, den Abschlag regelmäßig zu üben und dabei nicht nur auf die maximale Kraft bzw. Distanz zu achten, sondern auch auf die Präzision. Der Ball soll dort landen, wo man es möchte bzw. die Situation auch nur erlaubt.

Um den Abschlag zu verbessern, helfen folgende Übungen:

1. **Weitschüsse üben:** Recht einfache Übung – den Fußball so weit und präzise wie möglich schlagen. Einen Ort finden, an dem genug Platz ist, und einfach abschlagen. Am ehesten auf einem Fußballplatz, aber das ist nicht wichtig. Wichtiger ist, sich ein entferntes Ziel zu definieren, dass man anpeilen möchte.

Dabei zwischen verschiedenen Distanzen variieren, um sowohl Kontrolle als auch Kraft zu verbessern.

2. **Ballkontrolle:** Ein eigenes und vor allem gutes Gefühl für den Ball bekommen. Dafür hilft es den Ball nicht nur möglichst viel am „Fuß zu haben", sondern einfach mal verschiedene Schüsse bzw. Schusstechniken auszuprobieren. Es hilft ungemein, um ein Gespür dafür zu erhalten, wie sich der Ball bei den unterschiedlichen Schüssen verhält. Man merkt schnell, dass bereits kleine Änderungen in der Schusstechnik große Auswirkungen haben können.

3. **Zielschiessen:** Um die Kontrolle und somit die Präzision der Schüsse zu verbessern, hilft es auf verschiedene Ziele in unterschiedlichen Entfernungen zu spielen. Sprich verschiedene Distanzen, aber mit einem fixen Ziel und nicht nur auf eine bestimmte Entfernung spielen. Dafür kann man jegliche Hilfsmittel verwenden wie Rücksäcke, Kleidungsstücke, Flaschen usw. Man sollte am besten auch verschiedene Richtungen definieren. So bekommt man ein gutes Gefühl für die Weite, aber auch für die Kontrolle der Richtung und somit für die Präzision der Schläge.

4. **Distanzgefühl entwickeln:** Den Ball so weit wie möglich schießen und die Distanz messen. Diese Übung hilft nicht nur die richtige Kraft zu entwickeln, sondern gibt dem Spieler ein gutes Verständnis für die maximale Reichweite des eigenen Schusses. Wichtig ist dabei auch, so gut es geht zu beachten, wie weit der Ball in der Luft fliegt und wie viele Meter er noch rollend zurücklegt.

5. **Zielwiederholungen:** Ein kleines Tor oder eine Art Zielscheibe an einer (Tor-) Wand, um den Ball bei möglichst vielen Wiederholungen immer in das gleiche Ziel zu bringen. Dies verbessert die Technik und die damit verbundene Präzision.

6. **Kraft- und Techniktraining:** Mit der richtigen Kombination aus Kraft und Technik erzielt man die größte Wirkung. Daher ist es wichtig, beides zu trainieren. Für die Visualisierung des Schusses helfen auch Trockenübungen ohne Ball, bei denen man sich auf die Durchführung des Schwunges konzentriert und auf die richtige Haltung achtet. Ähnlich wie der Golfer bei Probeschwüngen.

Hinsichtlich der Kraft helfen die gängigen Übungen für die Beine, wie Squats, Squat Jumps, Lunges usw. Man sollte aber definitiv den Rumpf nicht vergessen zu trainieren, um speziell beim Abschlag, wo die größten Kräfte wirken, die Stabilität wahren zu können.

Persönliche Erfahrungen, die helfen können

- **Die Wiederholungen machen es aus:** Mit jedem Training der einzelnen Schläge und der verschiedenen Schlagtechniken reduzieren Sie den Stress im Ernstfall.
- **Videoanalyse:** Man kann natürlich bewegte Bilder verwenden, um das eigene (Körper-)Verhalten und die Schusstechniken zu analysieren und zu verbessern. Es ergeben sich immer wieder spannende Erkenntnisse aus einer Videoaufnahme.
- **Körperkräftigung:** Starke Beine und ein stabiler Rumpf sind entscheidend, um im Wettbewerb verletzungsfrei zu bleiben und wenn nötig an drei Tagen am Stück bestmögliche Leistung erbringen zu können.
- Nicht aufgeben: Es wird Momente der Frustration geben. Geduldig bleiben, der Erfolg wird kommen.

12.3 DIE ANNÄHERUNG

Die (Ziel-)Annäherung ist ein sehr entscheidender Teil des Footgolf-Spiels. Nachdem der Abschlag erfolgt ist, geht es beim nächsten Schuss oder bei den nächsten Schüssen darum, den Ball möglichst nah ans Loch zu spielen – das nennt man (Ziel-) Annäherung. Hierbei steht je nach Situation nicht zwangsläufig die Kraft im Vordergrund, sondern die Genauigkeit.

Je nach Entfernung zum Loch und den Gegebenheiten auf dem Platz, wie Hindernissen oder Geländesteigungen, sollte man die Schussstärke sorgfältig wählen. Ziel ist es, den Ball so zu spielen, dass man entweder auf der Ideallinie bleibt oder der Ball so nah wie möglich am Loch landet, um beim nächsten Schlag mit einem möglichst einfachen Putt einlochen zu können. Dies erfordert ein gutes Gespür für die Geschwindigkeit des Balls und vor allem viel Kontrolle bei der Schusstechnik. Da man mit der Innenseite meist mehr Präzision erreicht und Ballkontrolle hat, wird sie für die Zielannäherung in der Regel für diesen Schuss verwendet.

Was ist bei der Annäherung zu beachten?

1. **Zielgenauigkeit:** Bei der Zielannäherung geht es vor allem um Präzision. Der Ball sollte so gespielt werden, dass er kontrolliert in Richtung Loch rollt und an der Stelle anhält, die man als Ziel definiert hat. Natürlich darf der Fußball auch gerne direkt ins Loch.

2. **Dosierte Kraft:** Es geht um die richtige Mischung aus Kraft und Genauigkeit. Anders als beim Abschlag kommt es bei der Zielannäherung auf Gefühl und nicht zwangsläufig auf Stärke an. Der Ball sollte nicht zu stark gespielt werden, damit er nahe am Loch liegen bleibt.
3. **Innenseite des Fußes nutzen:** Für einen genauen Schuss hat sich die Innenseite einfach bewährt. Denn diese Technik ermöglicht viel Kontrolle über die Richtung und Geschwindigkeit des Balls. Je mehr Fuß man hinter den Ball bekommt, desto genauer kann man den Schuss ausführen.

4. **Körperhaltung und Balance:** Es geht um Kontrolle, von daher ist eine stabile Körperhaltung besonders wichtig. Das Standbein sollte direkt neben dem Ball stehen und der Oberkörper im Idealfall leicht nach vorne geneigt sein, um bei der Schussabgabe möglichst stabil die Balance zu halten.

Die Annäherung verbessern

Übung macht den Meister und das gilt natürlich auch für die Zielannäherung, und es braucht viel Geduld und Übung, um in jeder Spielsituation ein Gespür für die jeweils richtige Mischung aus Kraft und Präzision zu finden.

Dabei können folgende Übungen helfen:

1. **Kurzdistanz-Zielschüsse:** Für die richtige Dosierung einen Zielpunkt mit zum Beispiel Hütchen oder anderen Markierungen im Abstand von 10 bis 30 Metern setzen. Den Ball mit der Innenseite (oder der Technik der Wahl) so spielen, dass er genau bei den Markierungen liegen bleibt.

2. **Schüsse auf variable Ziele:** Ähnlich wie bei der obigen Übung, nur diesmal verschiedene Markierungen in unterschiedlichen Entfernungen platzieren (zum Beispiel alle fünf Meter, bis zu 30 Meter maximal). Bei jedem Schuss eine andere Entfernung auswählen und versuchen, den Ball jeweils auf der Markierung zum Stoppen zu bringen. Das hilft, sich schnell auf verschiedene Distanzen einzustellen.

3. **Schüsse mit unterschiedlicher Kraft:** Körpergefühl schulen. Einfach den Ball ohne Zielmarkierungen oder ähnliche Vorgaben mit der Innenseite (oder der Technik der Wahl) in verschiedenen Geschwindigkeiten spielen und beobachten, wie weit er rollt. Schult das eigene Gefühl für Kraft und Distanz.

4. **Pass mit Hindernissen:** Genauigkeit und Kontrolle ist King. Hindernisse wie Stangen oder Kegel auf dem Platz aufstellen und den Ball mit der Innenseite durch diese Hindernisse spielen.

Die Annäherung ist eine der wichtigsten Fähigkeiten im Footgolf. Es geht um Genauigkeit und Präzision des Schusses, die man mit regelmäßigem Training und der richtigen Technik stetig verbessern kann.

Tipps für eine erfolgreiche Annäherung

- Das Ziel im Fokus: Das Ziel definieren und darauf konzentrieren. Der Fokus liegt nur darauf und je besser man es vor Augen hat, desto präziser wird der Schuss.
- Präzision ist King: Anders als beim kraftvollen Abschlag geht es bei der Zielannäherung noch mehr darum, den Schwung zu kontrollieren.

- Do it your way: Jeder hat andere Stärken und fußballtechnische Möglichkeiten. Man sollte immer seinen Weg finden, um den größtmöglichen Erfolg zu haben.

Viel Geduld und viel Zeit in das kurze Spiel und die mentale Stärke investieren. Freue dich über kleine Erfolge und lerne aus dem Rest.

Jo Reid, US Open-Gewinnerin

12.4 DER PUTT

Das Putten ist der letzte Schritt auf dem Weg zum Einlochen und einer der spannendsten Momente im Spiel. Ein ruhiger Kopf und eine gute Technik führen hier zum Erfolg.

Präzision ist hier das A und O. Auch wenn der Putt auf den ersten Blick einfach wirkt, erfordert er einen ruhigen Fuß und ein gutes Gespür. Zu viel Stärke könnte den Ball über das Loch hinausschießen lassen, während zu wenig Kraft ihn vor dem Loch stoppen lässt. Darüber hinaus spielt beim Putten die mentale Stärke eine große Rolle.

In Sachen Putting-Technik gibt es die verschiedensten, teilweise verrücktesten Varianten, aber hinsichtlich der Wahl der Technik putten die Footgolfer in der Regel entweder mit der Innenseite oder der Spitze.

Das Putten ist der letzte und oft wichtigste Schritt, um den Ball ins Loch zu befördern, deshalb gibt es das eine oder andere zu beachten:

1. **Kontrolle statt Kraft:** Es geht um Millimeter und jede Abweichung kann dazu führen, das Loch zu verfehlen. Es geht darum, den Ball kontrolliert auf der richtigen Linie ins Loch zu rollen.

2. **Pendeln statt Schlagen:** Um den Ball so gerade wie möglich anzuspielen, ist die Schussbewegung eher ein Pendeln als ein Schießen.

3. **Stabiler Stand bei der Technik:**

   - **Innenseite:** Das Standbein sollte dicht am Ball sein, während das Schussbein leicht zurückgezogen ist. Für die maximale Stabilität steht man leicht gebeugt über dem Ball, mit einem stabilen Stand und leicht gebeugten Knien.

   - **Spitze:** Das Standbein steht meist leicht hinter dem Ball, während das Schussbein hinter dem Ball steht. Im Fußgelenk leicht angewinkelt, sodass die Spitze des Fußes auf die Mitte des Balles zeigt.

4. **Ruhe und Konzentration:** Der Putt erfordert volle Konzentration, gepaart mit dem Auslesen der Putting Linie. Tiefes Durchatmen kann helfen, sich zu beruhigen und auf den Schlag vorzubereiten.

Putting Skills trainieren

Beim Putten geht es vor allem darum, das Gefühl für den Ball und die Distanz zu schulen. Hinsichtlich des Lesens der richtigen Linie ist es natürlich etwas schwerer, dies zu simulieren, da dies sehr situativ ist und viele Faktoren darauf Einfluss nehmen. Dennoch helfen diese Tipps die Putts zu verbessern:

1. **Kurze Putts auf das Loch üben:** In kurzen Abständen, ein bis fünf Meter, den Ball positionieren und den Fußball einlochen. Der Abstand kann nach Belieben mit der Zeit auch vergrößert werden. Um das Gefühl für verschiedene Winkel zu verbessern, sollte man die Position immer wieder verändern. Diese Übung hilft, die Präzision auf kurze Distanzen zu erhöhen.

2. **Distanzkontrolle:** Speziell, wenn kein Footgolfplatz in der Nähe ist, ist das eine sehr gute Alternative oder eine zusätzliche Übung für die richtige Kraftdosierung und das Ballgefühl. Markierungen in verschiedenen Abständen auf den Boden legen und den Ball so putten, dass dieser genau bei den Markierungen liegen bleibt.

3. **Üben auf unebenem Boden:** Um ein Gespür für das Verhalten und Laufrichtungen des Balles bei Unebenheiten und Neigungen zu bekommen, hilft es, dies in einem Bereich oder einer Fläche mit kleinen Unebenheiten zu simulieren, und auf ein definiertes Ziel zu putten.

4. **Richtungsübungen für die Präzision:** Mit Hilfe von Markierungen eine gerade Linie oder geraden Weg auf dem Boden darstellen und versuchen den Ball entlang dieser Linie/dieses Weges zu spielen.

5. **Pendelübung:** Den Putt mit sanften, gleichmäßigen Bewegungen ausführen, bei denen man nicht zu viel Kraft aufwendet. Wie ein Pendel ein gleichmäßiges Tempo finden.

6. **Konzentrationsübung:** Fokus und Konzentration nur auf den Putt und Störfaktoren ausblenden. Den Ball erst spielen, wenn man sich vollständig darauf konzentrieren kann und sich sicher und ruhig fühlt.

Ein guter Putt kann das Spiel entscheiden - und genau das macht den Reiz dieses Schlags im Footgolf aus. Deshalb ist es umso wichtiger, diesen Schlag durch regelmäßiges Üben zu trainieren. Es mag anfangs herausfordernd sein, aber die Mühe lohnt sich.

Wichtige Tipps zum Putten

- Geduld und Gelassenheit: Putten erfordert Erfahrung. Es kommen stets viele individuelle Einflussfaktoren zusammen, bis das richtige Gefühl sitzt.
- Zeit lassen: Beim Putten ist keine Eile geboten. Analysieren, überlegen, entscheiden und dann spielen - mit Überzeugung.

12.5 SPIELEN AUS DEM BUNKER

Willkommen im Beach Club. Der Bunker ist wie beim Golf ein Hindernis aus Sand. Da es im Footgolf nicht erlaubt ist, im Bunker Anlauf zu nehmen, kommt je nach Bunkersituation der Schusstechnik eine große Bedeutung zu.

Auch wenn es auf den ersten Blick nicht so herausfordernd erscheinen mag, ist das Spielen aus dem Bunker einer der größten Stolpersteine im Footgolf. Es gibt viele Dinge zu beachten und die richtige Wahl der Schusstechnik ist essenziell. So kommt es ganz auf die Situation an, ob man mit der Innenseite spielen kann, chippen muss oder mit der Spitze den Ball aus dem Bunker spielt. Von chippen spricht man, wenn man den Ball mit einem kurzen, präzisen Schlag leicht anhebt.

Grundsätzlich kann man sich das Spielen aus dem Bunker erleichtern, wenn man Folgendes beachtet:

1. **Fester Stand:** Eine stabile Körperhaltung und ein fester Stand sind beim Spielen aus dem Bunker sehr wichtig. Da man ohne Anlauf spielen muss, sollte man darauf achten, das Standbein fest in den Sand zu setzen, notfalls etwas „eingraben".
2. **Haltung und Schusstechnik:** Je nach Gegebenheiten und der Position des Bunkers unterscheiden sich die Wahl des Treffpunktes und der Schusstechnik. Je höher man spielen muss, um den Bunker überhaupt verlassen zu können, desto tiefer sollte man den Ball treffen und den Körper nach hinten lehnen. Je höher die Flugkurve sein muss, desto eher fällt die Wahl auf einen Chipball, bei dem man den Fuß fest unter den Ball in den Sand schlägt.

3. **Kraft und Präzision:** Ein Schlag ohne Anlauf erfordert die richtige Balance zwischen Kraft und Präzision. Hinzu kommt, dass man je nach Bunkerposition entweder nur sehr knapp an den Bunkerrand spielen muss oder möglichst viel Distanz gewinnen möchte, wenn der Bunker auf dem Fairway liegt. Bei einem flachen Schuss kann der Sand einen entscheidenden Einfluss nehmen, da dieser sehr bremst.

4. **Zielausrichtung:** Es geht immer darum, aus dem Bunker zu kommen. Die Lösung und der Fokus sollten somit immer sein, das Ziel so zu setzen, dass man schadenfrei aus dem Bunker kommt.

Das Spiel aus dem Bunker trainieren

Auch wenn der Bunkerschlag hoffentlich möglichst selten vorkommt, sollte man das Spielen aus dem Bunker nicht vernachlässigen. Diese Übungen können helfen:

1. **Schuss aus dem Bunker:** Ganz einfach. Den Ball in den Bunker legen und üben mit einem kontrollierten Schuss aus dem Stand aus dem Bunker zu kommen. Ein Sandkasten kann für den Start auch ausreichen.

2. **Bunkerzielübungen:** Präzision aufbauen. Mehrere Ziele außerhalb des Bunkers festlegen den Ball möglichst zielgenau dorthin spielen. Das verbessert nicht nur die Präzision, sondern auch das Gefühl für den jeweiligen Bunkerschlag.

3. **Schusstechniken wechseln:** Ob mit oder ohne Ziel, beim Spielen aus dem Bunker die Schusstechniken abwechseln. Innenseite, Spitzkick und den Chipball – mit viel oder weniger Backspin. Am besten auch die Schusshöhe variieren, um sich für den Ernstfall zu rüsten.

4. **Schlagen durch den Sand:** Bewusst das Schussbein durch den Sand schlagen. Es erfordert etwas Übung, den richtigen Schwung zu finden, damit man den Ball trifft, ohne zu viel Sand zu erwischen. Andernfalls hat der Ball nicht genug Kraft, oder man trifft ihn zu fest, sodass er zu stark geschlagen wird.

Das Spielen aus dem Bunker braucht etwas Übung und Geduld, gepaart mit einer Brise Erfahrung stellt ein Bunker kein Hindernis mehr dar.

Tipps für noch mehr Spaß im Bunker

- Auf das Verhalten achten: Beim Schlag, Chip oder Schuss aus dem Bunker darauf achten, wie sich der Ball „verhält", um neue Erfahrungen und damit auch Erkenntnisse für die Zukunft zu sammeln.
- Fußposition variieren: Um den eigenen Stand zu finden, bei dem man sich wohl fühlt, kann man immer wieder das Standbein anders setzen, oder die Schusstechnik variieren.

Üben, üben, üben! Es mag anfangs schwer sein, aber wenn es Spaß macht, so oft wie möglich trainieren und Freude daran haben.

Rebeka Rezna, slowakische Nationalspielerin

12.6 SPIELEN AUS HOHEM GRAS

Im perfekten Szenario spielt man immer über bzw. auf dem Fairway. Aber wie im Leben ist auch im Footgolf nicht immer alles perfekt und es passiert, dass man den Ball in hohes Gras oder Gebüsch spielt. Hier geht es also nicht um das bekannte Rough, ein höheres Gras als das Fairway, sondern bewusst um die Situationen, die eher außerhalb der Originallinie liegen.

Beim Spielen durch das Rough sollte man einfach immer bedenken, dass der Ball viel mehr gestoppt wird als auf dem kurzgeschnittenen Fairway. Wenn der Ball also im hohen Gras oder Wildwuchs liegt, muss man nicht nur mehr Kraft aufwenden, sondern muss auch wohl überlegen, wie man den Ball bestmöglich wieder auf die Originallinie bekommt. Notfalls ist ein Strafschlag die beste Variante.

Wenn man sich aber dazu entschließt, den Ball dennoch zu spielen, sollte man Folgendes in den Überlegungen beachten:

1. **Kraftvoller Schuss:** Hohes Gras oder Wildwuchs bremsen den Ball sehr stark ab. Um den Ball sicher herauszuspielen, sollte man daher den Schuss mit möglichst viel Kraft ansetzen.
2. **Guter Stand:** Nicht immer, aber sehr oft kann man aufgrund der Umgebung, in der sich der Ball befindet, nicht anlaufen, oder ein Anlauf ist nicht sinnvoll. Gegebenenfalls ist es sogar regeltechnisch nicht gestattet. Man sollte mit dem Standbein einen sicheren Stand finden, um gut im Gleichgewicht zu sein.
3. **Schusstechnik:** Durch das hohe Gras ist der Widerstand erhöht, so dass sich in den meisten Fällen ein Schuss mit der Spitze des Fußes als am effektivsten darstellt. So kann man trotz kurzer Ausholbewegung viel Kraft übertragen, aber den Fußball auch etwas weiter unten treffen, um diesen höher und so weit wie möglich oder nötig zu spielen.
4. **Vorsicht bei der Flugbahn:** Hohe Gräser oder Wildwuchs können wie ein Hindernis die Flugbahn des Balles beeinflussen. Die beste Richtung sei also wohlüberlegt.

Das Spielen aus dem hohen Gras üben

Es ist schwierig, solche Situationen zu simulieren und zu üben, aber ein paar Dinge können helfen:

1. **Schussübungen:** Es geht um das Gespür. Bewusst in unwägbares Gelände spielen oder den Ball in die Situation platzieren, die man simulieren möchte. Dies hilft, um ein Gefühl für die Situationen, das Verhalten des Balles beim Schuss und auch die eigene Schusstechnik zu finden.
2. **Schlag aus der niedrigen Hocke:** Wenn man etwas für die Stabilität und Kontrolle tun möchte, dann kann man üben, aus einer leicht gehockten Position zu schießen und dabei die Balance zu halten.

Grundsätzlich gilt: Nicht aus der Ruhe bringen lassen und das primäre Ziel erreichen, zurück auf die Ideallinie kommen.

12.7 TRICKSHOTS / SPEZIALSCHÜSSE

Im Footgolf kommen in bestimmten Spielsituationen gewisse Spezialschüsse oder Trickshots zur Anwendung, die im Fußball eher selten vorkommen. Meist, um Hindernisse zu überwinden oder den Ball gezielt an einen Punkt zu spielen. Die geläufigsten Schüsse sind dabei der (lange) Chip, ein Curved Shot, sprich ein Schuss mit Effet, ein Chip mit viel Backspin (Rückwärtsdrall) oder auch ein sogenannter Bounce Shot. Diese Techniken erfordern gewiss viel Übung, um sich in der Anwendung sicher zu fühlen. Sie können aber einen Vorteil verschaffen und das Spiel auf das nächste Level bringen.

Was man beim Trickshot beachten sollte und wie man diese verbessern kann:

1. **Kreativität:** Ein Trickshot ist eine kreative, aber lösungsorientierte Art um den Ball um oder über Hindernisse möglichst nah an ein Ziel zu spielen. Aber sie sollten nur angewendet werden, wenn sie wirklich notwendig sind.

2. **Kontrolle und Präzision:** Trotz allem Spaß verlangt ein Trickshot auch Konzentration und die richtige Ausführung. Diese kann aber sehr individuell sein.

3. **Richtiger Stand und Fußhaltung:** Je nach Spezialschuss spielt man für den gewünschten Effekt den Ball mit dem Innenrist, Außenrist oder sogar mit dem Spann. Dafür sind die richtige Fußhaltung und ein stabiler, fester Stand wichtig.

4. **Timing:** Ein weiteres wichtiges Element ist das Timing, gepaart mit der richtigen Geschwindigkeit der Bewegung für den optimalen und erfolgreichen Effet.

Trickshots üben

Mehr Spaß geht nicht. Um Trickshots zu üben kann man seiner Kreativität freien Lauf lassen. Hier sind einige Übungen, die dabei helfen können:

1. **Curved Shot üben:** Den Ball in einer möglichst engen Kurve fliegen lassen. Einfach jegliches Hindernis nehmen und versuchen, den Ball mit Effet um das Hindernis herum zu spielen. Am besten beidbeinig üben, oder mit der Innenseite wie mit dem Außenrist.

2. **Der Chip:** Ein Lupfer über ein Hindernis, wie ein Bachgraben, Busch oder Bunker, hilft, um den Ball kontrolliert und nah an ein Ziel zu bringen. Es geht dabei darum, den Ball in schneller Bewegung möglichst tief zu treffen, um dem Ball die nötige Höhe zu geben. Je nach Situation mit der Innenseite oder dem Spann. Als Übung eignet sich jedes Hindernis (zum Beispiel ein Tor), über das man den Ball dann chippen möchte. Es lohnt sich, sowohl Höhe des Hindernisses wie auch Distanz des Schlages zu variieren.

3. **Kurze (Backspin) Chips einbauen:** Im Gegensatz zur vorherigen Übung, wo der Chip eher einem Schuss gleichkommt, übt man hier einen kurzen Chip, bei dem der Ball mit einem kurzen, schnellen Kontakt leicht angehoben wird, oft meist auch mit einem Backspin versehen. Hier kann man zum Beispiel Hütchen oder Stangen aufbauen und diese mit einem Backspin Chip überspielen.

4. **Trickshot-Challenge:** Es macht Freude diese Spezialschüsse zu üben und man kann ungemein kreativ sein. So kann man sich einen Spaß daraus machen und sich immer und überall einen Trickshot Wettbewerb überlegen, bei dem es darum geht, den Ball um oder über Hindernisse möglichst nah an ein Ziel zu spielen.

Die sogenannten Trickshots, machen nicht nur Spaß, sie helfen auch schwierige Spielsituationen zu meistern.

12.8 PSYCHOLOGIE DES SPIELS / MENTALTRAINING

Der Kopf ist entscheidend. Footgolf wird zwar mit dem Fußball gespielt, ist aber nicht nur ein körperliches, sondern vor allem auch ein mentales Spiel. Die Psychologie des Spiels besteht darin, das Spiel zu verstehen, den Footgolfkurs richtig zu lesen und vor allem die innere Balance zu halten, auch wenn ein verpasster Schuss zu Frust führen kann oder die Nervosität in Drucksituationen steigt. Spieler, die mental stark sind, schaffen es, sich von Rückschlägen schnell zu erholen und im nächsten Moment wieder voll bei der Sache zu sein.

Es gehört somit zur „Psychologie des Spiels", dass die Gedanken und Emotionen die Leistung im besten Fall nicht beeinflussen.

Es ist also durchaus wichtig, sein „mental game" zu trainieren, um auf dem Platz ruhig und konzentriert bleiben zu können. Deshalb sollte man Folgendes beachten:

1. **Konzentration:** Fokus auf jeden Schuss. Footgolf ist ein Zählspiel und es kommt auf jeden einzelnen Schuss an. Nur ein kurzer unkonzentrierter Moment kann einen Punkt bzw. Schlag kosten und über Sieg oder Niederlage entscheiden.
2. **Umgang mit Druck:** Der finale Putt, eine peinliche Situation, eine schwere Situation – es gibt viele Drucksituationen. Es geht darum, nicht nervös zu werden, um trotz Druck klare und richtige Entscheidungen zu treffen.
3. **Positives Mindset:** Niemals zurückschauen, nur nach vorne. Man kann es nicht mehr ändern und es kostet nur unnötig Energie. Eine positive Einstellung, gepaart mit dem Wissen, wie schnelllebig der Sport ist, hilft bei Rückschlägen optimistisch zu bleiben und motiviert weiterzumachen.

Das Mental Game trainieren

1. **Fokus auf den Moment:** Niemals auf das Ergebnis oder das Vergangene fokussieren. Immer im Moment bleiben und auf den nächsten Schritt konzentrieren. Das vermeidet nicht nur Stress, sondern hilft dabei, die richtigen Entscheidungen zu treffen.
2. **Meditation:** Wie für viele andere Alltags- oder Sportsituationen hilft eine kurze, tägliche Meditation die Konzentration zu schärfen, um im Spiel besser fokussiert zu bleiben.
3. **Visualisierung:** Augen schließen und sich gewisse Spielsituationen und erfolgreiche Schüsse vor dem geistigen Auge vorstellen. Dies immer wieder zu visuali-

sieren stärkt nicht nur das Selbstvertrauen, sondern hilft auch, entspannter mit Situationen umzugehen.

4. **Atemroutine:** Jeweils ein paar tiefe Atemzüge in den Bauch und jeweils langsam ausatmen, um ruhig zu werden und Stress abzubauen. Diese Routine hilft Anspannung und Nervosität abzubauen, der Puls senkt sich und schult dank der Routine Körper und Geist, sich zu entspannen.
5. **Positive Selbstgespräche:** Man spricht auch vom Manifestieren, wenn es darum geht, positive Gedanken und Selbstsicherheit durch Selbstgespräche einzupflanzen. Man sollte niemals negative Gedankensätze nutzen, sondern nur positive Sätze nutzen wie zum Beispiel: Ich schaffe das.
6. **Mental Coach:** Warum nicht zum Profi gehen? Hilft eigene Routinen zu erarbeiten.

Ein trainierter Geist hilft, um dank mentaler Stärke in schwierigen Situationen gelassen und konzentriert zu bleiben.

Beim Footgolf zählt nicht nur Talent, sondern auch mentale Stärke, wenn etwas mal nicht wie geplant läuft.

Laura Rolli, deutsche Nummer 1

12.9 KÖRPERLICHE FITNESS

Es ist ein Irrglaube, wenn man der Meinung ist, Footgolf sei körperlich nicht anspruchsvoll, nur weil es vielleicht auf den ersten Blick wie ein lockerer Freizeitsport wirkt. Die körperliche Fitness spielt eine große Rolle. Im Footgolf schießt man quasi immer „aus der kalten Hose", das heißt ohne die Muskelwärme, die durch ständige Bewegung entsteht. Dadurch ist die Belastung für die Muskulatur anders und teils anspruchsvoller als in anderen Sportarten, in denen der Körper ständig in Bewegung bleibt.

Eine gute Kondition, Maximalkraft sowie Schnellkraft und Beweglichkeit sind somit sehr wichtig, um präzise und kraftvolle Schüsse zu machen und über die ganze Runde hinweg konzentriert und leistungsfähig zu bleiben.

Darüber hinaus sollte man die hohe Anzahl an Schüssen nicht unterschätzen. Auf einer 18-Loch-Runde kommt man leicht auf 50 oder mehr Schüsse, die meist mit Maximalkraft abgefeuert werden, die Putts nicht mitgerechnet. Dabei sollte man nicht vergessen, dass man bei Turnieren zum Teil vier Tage am Stück spielt, Training einberechnet.

In Sachen körperlicher Fitness gibt es verschiedenen Themen, die man beachten sollte:

1. **(Schnell-)Kraft in den Beinen:** Ob beim Abschlag oder bei längeren Distanzen - starke Beine helfen, den Ball mit genug Kraft, aber auch der notwendigen Stabilität für die maximale Ballkontrolle zu schießen.
2. **Stabiler Rumpf:** Ein stabiler Rumpf sorgt dafür, dass die Beine ihre Energie effektiver auf den Ball übertragen, was für eine präzisere und kräftigere Schusstechnik sorgt. So wird auch eine Überbelastung der umliegenden Muskeln vermieden und verringert so das Verletzungsrisiko.
3. **Ausdauer:** Eine Footgolf-Runde dauert oft mehrere Stunden und erstreckt sich über mehrere Kilometer. Daher ist Ausdauer wichtig, um Erschöpfung zu vermeiden, damit Schusspräzision, Konzentration und Technik nicht leiden.
4. **Beweglichkeit:** Beweglichkeit hilft nicht nur Verletzungen vorzubeugen, sondern sorgt auch für einen optimalen Treffpunkt bei Schüssen jeglicher Art. Wichtig ist insbesondere die Beweglichkeit in der Hüfte und in den Beinen.
5. **Koordination:** Eine gute Koordination von Augen, Körper und Beinen hat großen Einfluss auf den perfekten Schuss. Mit der richtigen und Balance fällt es trotz maximaler Dynamik leichter den Körper im Gleichgewicht zu halten, das Standbein an die richtige Position zu setzen und bei jedem Geläuf die Balance zu halten.

ÜBUNGEN FÜR BESSERE FITNESS IM FOOTGOLF

Im Grunde helfen alle (Fitness-)Übungen, die man in der Regel für Beine, Rumpf und Stabilität kennt. Dazu gehören unter anderem, aber nicht nur:

1. **Beine stärken:** Je stärker die Beine, umso leichter fallen die Schüsse. Die klassischen Übungen wie Squats, Lunges und Calf lifts trainieren die Beinmuskulatur.

Ob mit oder ohne Geräte, man kann diese Übungen um jede Variante (zum Beispiel einbeinig) oder Dynamik (Sprünge) für die Schnellkraft erweitern.

2. **Ausdauertraining:** In der Regel mag das keiner, aber regelmäßiges Joggen, Walken oder Fahrradfahren stärkt die Ausdauer und fördert die längere Leistungsfähigkeit auf der Footgolfrunde.
3. **Rumpf stabilisieren:** Eine einfache, aber effektive Übung für einen stabileren Rumpf ist die Plank. Sie kräftigt einen Großteil des Körpers, aber insbesondere die vordere und hintere Rumpfmuskulatur.
4. **Balance-Übungen:** Man sorge für Instabilität (zum Beispiel mit Schaumstoffkissen, oder ein großes Handtuch mehrmals falten) und simuliert einbeinig mehrere Bewegungen oder Schüsse. Man kann dies auch mit Gewichten noch verstärken.
5. **Koordinationsübungen:** Der Klassiker: Jonglieren. Aber auch mit Schussübungen oder Dribbel-Parcours trainiert man das Zusammenspiel zwischen Auge, Fuß und Körper.
6. **Dehnübungen:** Für die maximale Beweglichkeit und bessere Regeneration ist regelmäßiges Dehnen der Beine, der Hüfte und des Rückens hilfreich. Sämtliche Übungen für die Oberschenkel sind mindestens genauso hilfreich wie der Fersensitz oder die Rumpfbeuge.

Ein paar Tipps für mehr Erfolg

- Aufwärmen und Dehnen: Verletzungen vorbeugen, in dem man sich vor dem Training oder der Runde gut aufwärmt und vor und nach dem Training dehnt.
- Regelmäßigkeit: Ohne Fleiß kein Preis. Für nachhaltigen Erfolg sollte man regelmäßig mehrmals die Woche trainieren.
- Abwechslungsreich trainieren: Für mehr Freude am Training sollte man Kraft-, Ausdauer- und Koordinationsübungen abwechseln.
- Flüssigkeitshaushalt: Für den Körper ist ausreichend Flüssigkeit essenziell, um leistungsfähig zu bleiben. Somit immer genug trinken.

Die körperliche Fitness bringt das Spiel auf ein nächstes Level, zumindest was die Belastbarkeit und Performance angeht.

13

13 DIE STRATEGIE DES SPIELS

Footgolf ist ein Sport, der mehr Golf ist als Fußball. Daher kommt der richtigen Strategie und den verschiedenen Elementen des Golfspiels mehr Bedeutung zu als man auf den ersten Blick meinen könnte. Zusätzlich ist es im Footgolf von entscheidender Bedeutung einzelne Situationen, örtliche Gegebenheiten und deren Einfluss zu erkennen, um die richtigen Entscheidungen zu treffen. Und das Bahn für Bahn, Schlag für Schlag.

Das oberste Ziel ist immer, mit so wenig Schüssen wie möglich den Ball einzulochen. Aber nach jedem Schuss entstehen neue Situationen, denn das Spiel ist leider keines auf dem Reißbrett, wo die Dinge so verlaufen wie man das plant. Damit ist gemeint, dass der Ball nicht dort landet wo gewünscht, der Schuss länger oder kürzer ist, oder man sich einem Hindernis ausgesetzt sieht und vieles mehr. Es braucht daher einiges an Erfahrung, aber auch ein gutes Gespür für die jeweilige Situation und in die eigenen Fähigkeiten, um die richtige Lösung zu finden. Da Footgolf in dieser Hinsicht sehr situativ ist, ist es schwer, eine grundsätzliche Strategie aufzuzeigen, wir versuchen dies aber anhand der einzelnen Schläge bzw. Situationen und deren Fragestellungen so strukturiert wie möglich aufzuzeigen.

Mit Leidenschaft und Training ist im Footgolf alles möglich.

Cedric Bonnot, Team-Weltmeister 23, französischer Nationalspieler

13.1 DER ABSCHLAG

Vor dem ersten Schuss eines jeden Lochs, dem Abschlag, ist es essenziell, dass man die Struktur und das Konzept der Bahn kennt und versteht und sich einen grundsätzlichen, im besten Falle einen optimalen Plan zurechtgelegt hat. Man kann es beschreiben als groben Entwurf, um möglichst einfach, aber vor allem erfolgreich ans Ziel zu kommen.

Der Abschlag ist im Übrigen der einzige Schuss, bei dem man die Position des Balles selbst und genau bestimmen kann. Das ist in der Regel ein großer Vorteil, den man nutzen sollte.

In der Abschlagszone, der Tee-Box, kann man den Ball innerhalb der beiden Begrenzungen, die aber nicht entfernt werden dürfen, beliebig positionieren. Der Fußball kann dabei auch bis zu zwei Meter nach hinten versetzt werden. Etwaige unnatürliche Gegenstände, die direkt an der Abschlagszone angebracht sind, zum Beispiel Werbefahnen, können für die freie Sicht beim Abschlag entfernt werden.

Strategische Fragestellungen, die beim Abschlag vorkommen können

- Welche Schussart ist für diesen Abschlag am besten geeignet?
- Gibt es äußere Einflüsse, die die Wahl des Schusses oder die Richtung beeinflussen?
- Gibt es Hindernisse wie Bäume, Bunker, Biotope oder Wege, die beachtet werden müssen?
- Kann ich bestimmte Hindernisse oder Merkmale des Parcours zu meinem Vorteil nutzen?
- Welche Richtung ist angesichts der Gegebenheiten optimal?
- Wo liegt die ideale Position für den zweiten Schuss? Gibt es Faktoren, die eine andere Position sinnvoller machen, selbst wenn diese nicht auf direktem Weg zur Fahne liegt?

Profi-Tipps für den perfekten Abschlag

- Die eigenen Fähigkeiten kennen und anwenden, unabhängig davon, wie andere vorgehen.
- Den Vorteil nutzen, den Ball vor dem Abschlag selbst positionieren zu können.
- Die richtige Schussart und den optimalen Winkel wählen. Höhere Schläge bremsen den Ball beim Aufkommen stärker, während flache Schüsse ihn früh rollen lassen und dadurch Geschwindigkeit sowie Distanz verringern.
- Risiko vermeiden, wenn es nicht unbedingt erforderlich ist.
- Die Schusstechnik verwenden, die am sichersten beherrscht wird.
- Einen klaren Zielpunkt definieren. Ein markanter Punkt wie ein Baum, eine Tee-Box oder ein Schild kann helfen, die Richtung zu visualisieren.
- Gegebenheiten ausnutzen, die Vorteile bringen können:
  - Bei Rückenwind ist es sinnvoll, den Ball möglichst hoch zu schlagen, um den Wind zu nutzen.
  - Auf das Fairway zu zielen verbessert das Rollen des Balls.
  - Bei einem Hang kann das Rough (hohes Gras) bewusst angespielt werden, um ein Zurückrollen des Balls zu verhindern.

13.2 DER WEG ZUR FAHNE

In der Regel ist der zweite Schlag nicht gleich die Annäherung an die Fahne. Je nach Parvorgabe des Lochs sind sogar noch mehr Schläge notwendig, bis man von der finalen Annäherung spricht.

Im Gegensatz zum Abschlag muss man den Ball, sofern kein Regelfall vorliegt, so spielen wie er liegt, was schon mal einen großen Unterschied zum ersten Schuss am Anfang jeder Bahn darstellt. Weiterhin impliziert das, dass man mit dem Resultat des Abschlages zurechtkommen und sich ab sofort immer situativ den neuen Gegebenheiten anpassen muss, egal wie nah oder fern sie vom eigentlichen Plan zur erfolgreichen Bewerkstelligung der Bahn abweichen. Das bedeutet, die Situation erfassen und neue Lösungen bzw. Strategien schnellstmöglich zurechtlegen.

Strategische Fragestellungen, die beim Weg zur Fahne vorkommen können

- Was ist, unter Berücksichtigung der Lage, die beste Strategie?
- Wie ist die neue Situation und gibt es Veränderungen hinsichtlich des Plans?
- Gibt es Hügel oder seitliche Neigungen, die Einfluss auf den Ball und somit die Richtung haben, wenn er rollt?
- Mit welcher Schusstechnik erreicht man die notwendige oder größte Distanz unter Berücksichtigung der richtigen Linie?
- Erlaubt die Position des Balles einen risikofreien Schuss oder muss man unter Umständen einen (kurzen) Sicherheitsschlag machen?

- Nehmen Bedingungen oder Hindernisse Einfluss?
- Wo liegen Risiken oder gibt es Vorteile, die man auch nutzen kann?
- Wie kann man, unter der Beurteilung einer möglichen nächsten Position des Balls, dann weiterspielen?

Profi-Tipps für den perfekten Weg zur Fahne

- Die anhand der vorliegenden Situation perfekte Position für den nächsten Schuss suchen.
- Wann immer möglich das Fairway nutzen.
- Die Kenntnisse der Bahn anwenden.
- Fokus auf die richtige, logische Lösung legen. Nicht anfangen die Schüsse schon zu zählen.
- Keine riskanten Dinge machen. Die Schusstechnik wählen, mit der man sich am sichersten fühlt.
- Wenn notwendig, einen zusätzlichen Schlag akzeptieren, um sich wieder in eine gute Position zu bringen.

Spiele „smart" – manchmal kürzer, aber sicherer und präziser. Habe keine Angst, es auszuprobieren, auch ohne Fußballerfahrung.

Laura Rolli, Deutsche, 5. Platz WM 2018

13.3 DIE ANNÄHERUNG

Je näher die Fahne kommt, umso wichtiger wird die Präzision. Im Gegensatz zum Golf sind es wie bereits erläutert nicht die Schläger, die einem in Sachen Distanz helfen. Es liegt einzig und allein am Distanzgefühl, dem Erkennen der Situation und der damit verbundenen Anwendungen der eigenen Schussfähigkeiten.

Gerade wenn die Footgolflöcher nahe dem Golfgrün liegen, spürt der Footgolfer das allgemeine Design des Golfplatzes am meisten. Sehr oft werden die Grüns dann von Bunkern oder anderen Hindernissen geschützt, die gerade im Footgolf nochmals eine andere Auswirkung auf die Strategie und die Schlagwahl haben.

Natürlich gilt es auch, wie vorher erläutert, bei der Annäherung erstmal die vorherrschende Situation zu erfassen und zu akzeptieren. Für die perfekte Annäherung sollte man definitiv die direkte Umgebung der Fahne kennen. Gleiches gilt für den Weg des Balles zur Fahne und die damit verbundenen möglichen Einflüsse. So gibt es oft Unterschiede rund um die Lochposition, die man kennen sollte, da diese großen Einfluss darauf haben können, wie leicht oder schwer der folgende Putt sein kann.

Strategische Fragen, die bei der Annäherung bedacht werden sollten

- Welche Technik und Schusshärte sind unter Berücksichtigung von Distanz, Untergrund und Hindernissen optimal?
- Wie ist die Position der Fahne und die direkte Umgebung? Gibt es Hügel oder liegt die Fahne auf einem Plateau?
- Wo befindet sich die ideale Position für den nachfolgenden Putt?
- Gibt es unmittelbare Gefahren oder Hindernisse, die beachtet werden müssen, wie etwa ein großes Gefälle oder ein Bunker in der Nähe des Lochs?
- Ist es sinnvoll, flach zu spielen, und ist das in der Situation überhaupt möglich?
- Bietet die Gesamtlage die Möglichkeit, das Loch ohne großes Risiko direkt anzugreifen, um eventuell direkt einzulochen?
- Welcher Untergrund befindet sich rund um das Loch? Golfgreen, Fairway oder Rough?

Profi-Tipps für die perfekte Annäherung

- Die ideale Putting-Position um das Loch kennen und Zonen erkennen, die vermieden werden sollten.
- Ein Schuss mit der Innenseite bietet mehr Kontrolle und Präzision.
- Präzision ist wichtiger als Distanz.
- Trickshots nur einsetzen, wenn sie wirklich notwendig sind.
- Den Untergrund und seine Auswirkungen auf das Rollverhalten des Balls berücksichtigen (je höher das Gras, desto kräftiger sollte geschossen werden).
- Hindernisse wie Bunker oder Wasser gedanklich ausblenden.

Den Prozess und den Moment genießen.

Carlos Calvo, Spanier, ehemaliger Fussballprofi, Nummer 5 der Welt

13.4 DAS PUTTEN

Ein Schlag, der den Unterschied ausmacht. Der Putt sieht so unspektakulär aus und ist doch so ein absoluter Gamechanger im Spiel. Man kann durchaus sagen, dass sich beim Putten die Weltelite vom Rest abhebt.

Der finale Schuss, um den Ball ins Loch zu befördern, verlangt vielleicht auf den ersten Blick die geringste technische Finesse, dafür das größte Ballgefühl und ein außergewöhnliches Lesen der richtigen Linie für den Schlag gepaart mit einem herausragenden Gefühl für die richtige Geschwindigkeit. Im Gegensatz zum Golf nimmt der größere Fußball die Neigungen und Bodenstrukturen eines Golfgrüns noch viel mehr an. Zusätzlich rollt der Ball aufgrund der größeren Maße und des geringeren Gewichts auf dem Golfgrün um einiges leichter und ist gleichzeitig den Naturgewalten um einiges mehr ausgesetzt als ein Golfball beim Golf.

Strategische Fragestellungen beim Putten

- Ist das Grün flach, abschüssig oder wellig? Welche Auswirkungen haben die Neigungen und Bodenstrukturen auf die Richtung und das Tempo des Balls?
- Wie groß ist der Abstand zwischen Ball und Loch?
- Welcher Winkel zum Loch ermöglicht die beste Kontrolle und erhöht die Erfolgschancen?
- Wie stark sollte der Ball gespielt werden, um sowohl Kontrolle und Präzision zu maximieren und gleichzeitig das optimale Verhältnis von Geschwindigkeit und Winkel zu erreichen?
- Welche Einflüsse haben Wind- und Wetterverhältnisse auf den Putt?
- Welche Puttingtechnik sollte angewendet werden – die Innenseite oder der Spitzkick?
- Was sind die Konsequenzen, wenn das Ziel verfehlt wird und der Putt zu lang oder zu kurz gerät?

Profi-Tipps für den perfekten Putt

- Das Gelände und die Gegebenheiten sorgfältig analysieren. Es hilft oft, die Linie zwischen Ball und Loch aus verschiedenen Blickwinkeln zu betrachten.
- Nicht übertreiben. Wenn es darum geht, die Linie für den Putt zu lesen, dann nicht das Loch bzw. die Linie „zu Tode analysieren".
- Ein Verständnis für Neigungen und den daraus resultierenden Ballverlauf entwickeln.
- Zielpunkte visualisieren, falls nicht direkt die Fahne oder das Loch als Ziel dienen.
- Den Ball niemals zu kurz spielen, außer wenn es erforderlich ist; nur so hat der Ball eine Chance, das Loch zu erreichen.
- Eine Routine entwickeln, die für einen sicheren Stand sorgt und gleichzeitig hilft, die Konzentration aufrechtzuerhalten.
- Mental fokussiert bleiben und sich den Moment vorstellen, in dem der Ball ins Loch rollt.
- Ruhe bewahren und sich nicht von der Nähe zum Loch oder vom Druck, den Ball mit dem nächsten Schlag zu versenken, aus der Fassung bringen lassen.

13.5 DER BUNKERSCHLAG

Der Bunkerschlag ist ein Schlag, der mal mehr, mal weniger zu Sorgenfalten führen und einen gewichtigen Nachteil bringen kann. Speziell wenn man den Bunker auf einem Fairway trifft und noch eine große Distanz zur Fahne zurücklegen muss. Da es im Bunker verboten ist, den Schuss mit Anlauf auszuführen, sind weite Entfernungen in der Regel sehr schwer zu bewerkstelligen. Aber ein Bunker ist nicht zwangsläufig so schlimm, wie man meint.

Strategische Fragestellungen, die beim Bunkerschlag vorkommen können

- Befindet sich der Bunker auf dem Fairway oder in der Nähe der Fahne?
- Ist für diesen Schlag mehr Distanz oder Präzision erforderlich?
- Wie ist die Beschaffenheit des Bunkers? Wie hoch sind die Kanten, und wie weich ist der Sand?
- Welche Schusstechnik sollte angewendet werden?
- Welche Risiken sind je nach gewähltem Schlag zu beachten?
- Sollte der Ball flach oder hoch aus dem Bunker gespielt werden?
- Wo wird der Ball voraussichtlich landen, und wie wird er sich je nach Schusswahl verhalten?

Profi-Tipps für den perfekten Bunkerschlag

- Erste Regel: Raus aus dem Bunker! Auch wenn dies bedeutet, zunächst „rückwärts" zu spielen.
- Ruhig bleiben - es ist nur ein Bunker.
- Die Bunkersituation analysieren, um die richtige Schusstechnik zu wählen: Bei flachen Kanten ist ein rollender Schuss mit der Innenseite oft geeignet, während bei hohen Bunkerkanten ein Chipball besser infrage kommt, um sicher aus dem Bunker zu gelangen.
- Einen stabilen Stand für die gewählte Schusstechnik finden.
- Beim Chipball mit Backspin den Ball flach treffen, um den Sand zu durchdringen.
- Eine Bunkertechnik finden, die sicher beherrscht wird.
- Der Spitzkick eignet sich häufig für größere Distanzen.
- Vergiss nie die erste Regel.

13.6 TRICKSHOTS

Wie bereits erwähnt kommen beim Footgolf einige Schusstechniken zum Einsatz, die so im Fußball selten bis nie angewendet werden, aber im Footgolf sehr hilfreich sein können, um sich einen strategischen Vorteil zu verschaffen. Man sollte aber sich bei den folgenden Schüssen immer genau überlegen ob oder wie man diese zum Einsatz bringt.

Der Chip

Immer, wenn es darum geht, ob man den Fußball präzise, aber in hohem Bogen über Hindernisse wie Büsche, Sandbunker oder kleine Wasserflächen spielen möchte, ist die Frage: Chipshot oder doch konservativ spielen?

Curved Shot

Man könnte auch sagen, der Manfred-Kaltz-Gedächtnis-Ball. Wann immer es darum geht, den Ball in einem Bogen um ein Hindernis oder scharf um die Ecke zu spielen, kann man über den Curved Shot nachdenken. Nur, ist man so geschult in dieser Technik, dass man ihn auch mit der richtigen Geschwindigkeit, dem notwendigen Effet und der gewinnbringenden Distanz spielen kann?

Bounce Shot

Den Ball zum strategischen Vorteil aufkommen lassen. Darum geht es im „Bounce Shot“. Dass man den Ball zum Beispiel nicht direkt über ein Hindernis spielen kann/will und ihn deshalb vorher aufspringen lässt, um damit das Hindernis erfolgreich zu bewältigen, oder wenn man den Ball bewusst auf einem Weg aufprallen lassen will, um zusätzlichen Schwung zu bekommen. Klingt einfach, aber es ist ein Schuss, der viel Gefühl und Routine erfordert. Doch hat man schon genug Erfahrung dafür oder gibt es andere Wege?

Backspin Chip

„Bitte Ball, bleib einfach stehen.“ So könnte man den Schuss oder Chip mit Backspin auch nennen. Denn durch einen starken Rückwärtsdrall bei der Schussabgabe möchte man erreichen, dass der Fußball am besten nach dem Aufprall an Ort und Stelle liegen bleibt. Im Bunker stellt sich oft die Frage: Kann man den Ball mit Backspin gerade so aus dem Sand chippen, dass er liegen bleibt, oder kann man die notwendige Annäherung über 40 Meter mit so viel Backspin spielen, dass der nicht weiterrollt?

Auf die oben genannten strategischen Fragen gibt es keine eindeutige Antwort. Einerseits lautet die Empfehlung eindeutig: „safety first" – die Schläge wählen, bei denen Sicherheit und Verlässlichkeit im Vordergrund stehen. Andererseits wird es kaum möglich sein, sich in diesen Schlägen zu verbessern, wenn sie nie angewendet werden. Getreu dem Motto „learning by doing" kann also auch Mut eine Rolle spielen. Die Entscheidung liegt letztlich bei jedem Spieler selbst.

13.7 GRUNDSÄTZLICHE STRATEGIEÜBERLEGUNGEN

Da Footgolf ein Zählspiel ist, das geprägt ist von situativen Entscheidungen, die man unter Berücksichtigung aller internen und externen Faktoren treffen muss, ist es schwer, eine einzige gewinnbringende Strategie für das Spiel zu formulieren. Daher möchten wir, neben den oben aufgeführten „schlagbezogenen" Überlegungen und Strategien, gerne noch ein paar grundsätzliche Ansätze für das Footgolfspiel mit auf dem Weg geben.

Kürzester Weg vs. erfolgreicher Weg

Oft steht man bereit zum Schlag gegen den Ball, sieht die Fahne am Horizont und fokussiert sich allein auf den kürzesten Weg zur Fahne. Nur ist dies nicht in allen Fällen der effektivste Weg ans Ziel. Man sollte auf dem Weg zum Grün nie außer Acht lassen, ob es auf dem Weg dahin nachteilige oder gefährliche Rahmenbedingungen gibt, wie Rough, Bunker, kleinere Wasserhindernisse oder ähnliches. Denn in der Regel ist die Fahne immer durch das Design geschützt.

Man sollte sich also immer darüber Gedanken machen, ob der vielleicht längere Weg über das Fairway nicht der bessere ist. Nicht vergessen, der Ball rollt auf dem Fairway nicht nur weiter, sondern auch der nachfolgende Schuss über das Fairway ist immer besser zu spielen und zu kontrollieren und führt vielleicht auch an allen Hindernissen vorbei.

Das Spiel mit dem Wind

Aufgrund seines Umfanges ist der Fußball bei Wind vor allem eines: empfindlich. Je nach Windstärke nimmt der Wind großen Einfluss auf das Footgolfspiel und die eigene Strategie. Es ist nicht immer alles kontrollierbar, aber es gibt ein paar grundsätzliche Punkte, die man beachten kann:

- Um bei Rückenwind den Vorteil so gut wie möglich zu nutzen, sollte man den Ball so hoch wie möglich spielen. Das gilt natürlich nur, wenn man sich problemlos nur auf die Distanz konzentrieren kann.
- Bei Gegenwind wiederum sollte man genau das Gegenteil tun. Möglichst flach spielen und den Ball eher rollen lassen. Es kann auch helfen, den Ball härter aufzupumpen, wie man dies normalerweise tut. Mehr Luft bedeutet, dass der Fußball etwas mehr rollt.
- Beim Spielen auf dem Grün sollte man sich möglicherweise die Zeit nehmen (so gut wie es geht) um nicht die größte Böe zu erwischen, ansonsten heißt es einerseits die Windrichtung in der Wahl der Puttinglinie zu berücksichtigen. Und andererseits kann man sagen, dass ein Ball umso weniger Angriffsfläche für den Wind bietet, je schneller er gespielt wird.

Safety first

So verrückt wie es klingen mag, im Footgolf geht es erstmal um Fehlervermeidung. Nicht vergessen, es ist ein Zählspiel und jeder Fehler kann doppelt und dreifach bestraft werden. Von daher sollte man sich, wenn man sich nicht hundertprozentig sicher ist, immer für die sichere Variante entscheiden. Vor allem wenn es um knifflige Situationen geht, wie zum Beispiel die Frage „Soll man es trotz großer Distanz riskieren über das Wasser zu schießen?", oder „Nimmt man bei schlechter Lage des Balles (zum Beispiel im Dickicht) einen Strafschlag oder versucht man sein Glück?", sollte man sich immer für die sichere Variante entscheiden. So schwer es auch fallen mag. Meist verliert man mehr, als wenn man den Mut zum Risiko hat, was aber auch hin und wieder an Dummheit grenzen kann.

Mach dir keine Sorgen! Nach einem schlechten Loch kommt ein neues, das alles verändern kann. Üben und Spaß haben ist das Wichtigste.

Lucia Čermáková, Slowakin, Weltmeisterin 2023

Aufmerksam analysieren

Das Spiel zu verstehen bedeutet, die Chancen auf ein gutes Ergebnis zu erhöhen. Wie verhält sich der Ball, wenn man ihn mit einer bestimmten Geschwindigkeit schräg einen Hügel hinaufspielt? Was passiert, wenn er auf verschiedenen Untergründen aufkommt? All diese Details sind entscheidend.

Wer aufmerksam analysiert und die Zusammenhänge von Ursache und Wirkung erkennt, verbessert sein Spielverständnis. Das hilft nicht nur, gelassener mit verschiedenen Spielsituationen umzugehen, sondern unterstützt auch dabei, die richtige Linie zu lesen und bessere Entscheidungen zu treffen.

14

14 FOOTGOLF ALS WETTKAMPFSPORT

Footgolf ist vor allem viel Spaß und eine wunderbare Freizeitbeschäftigung. Das belegen die über 180.000 Freizeitspieler, die über die Verbände dem Weltverband gemeldet wurden.

Aber wie bereits aufgezeigt gibt es nicht nur professionelle Strukturen, sondern Woche für Woche auf der ganzen Welt Turniere, bei denen die Footgolfer in der jeweiligen Altersklasse um wichtige Punkte für die nationalen Wertungen, regionale Ranglisten (z. B. Europa) oder die Weltrangliste sammeln. Allein im Jahr 2024 fanden auf der ganzen Welt verteilt mehr als 400 offizielle FIFG-Turniere statt, an denen die lizensierten Footgolfer teilnahmen. Über das Jahr verteilt finden somit fast acht Turniere pro Woche irgendwo auf der Welt statt.

Dabei basiert die FIFG World Tour auf dem ehrgeizigen Konzept, nach dem jeder Spieler die Chance hat, nach seinen Möglichkeiten zu spielen und zu konkurrieren, sowohl auf globaler (Weltrangliste), regionaler (regionale Ranglisten) als auch nationaler Ebene (nationale Ranglisten). Daher bietet die FIFG verschiedene Turnierkategorien an, die jeweils für die Weltrangliste und entsprechende regionale und/oder nationale Ranglisten zählen.

Die Landeswertungen sind dabei meist ausschlaggebend für die Qualifikation für die Welt- und Regionalmeisterschaften wie die Südamerikameisterschaft, „Copa America", den Asia-Cup oder die Europameisterschaft, aber auch für die Qualifikation für das sogenannte Masters.

14.1 DIE WORLD-TOUR-LIZENZ

Für die Teilnahme an offiziellen FIFG-Wettbewerben ist eine World-Tour-Lizenz erforderlich, die beim Verband des Geburtslandes oder des Wohnsitzlandes beantragt werden kann. Die Lizenz kostet 20 Euro (über die FIFG) und ermöglicht es, an allen FIFG-Turnieren weltweit teilzunehmen – abgesehen von den Meldegebühren fallen keine weiteren Lizenzkosten an. Falls weder das Geburtsland noch der Wohnsitzstaat Mitglied bei der FIFG ist, besteht die Möglichkeit, sich direkt bei der FIFG als Gastspieler registrieren zu lassen. Derzeit spielen knapp 5000 Footgolfer mit der notwendigen Lizenz. Wobei allein die Hälfte auf die Region Europa entfällt.

FIFG 2024 ANNUAL RANKING
WORLD RANKING

MEN	POINTS
1. NICOLAS PUSSINI	5,693.65
2. BEN CLARKE	5,132.49
3. ANDREJ IVAN	4,117.27
4. JOSEF NEMEC	3,670.89
5. CARLOS CALVO	3,420.59

SENIOR	POINTS
1. MAREK VITTEK	3,836.83
2. FREDERIC CREVON	3,659.94
3. LAURENT GUENAIRE	3,492.70
4. YANNICK BEYER	3,461.46
5. SERGIO TOTH	2,902.46

WOMEN	
1. KLAUDIA NEMCOVA	5,466.11
2. LUCIA CERMÁKOVÁ	5,320.00
3. NAOKO MIURA	4,357.93
4. DÓRA KUCHTA	3,825.52
5. CLAIRE WILLIAMS	3,575.35

SENIOR+	
1. JAN HOLIC	5,709.6
2. JOSÉ GUERRA	4,514.59
3. OSMAN B. GENÇ	3,859.44
4. SLAWOMIR PRZYBYSZ	3,828.5
5. KLAAS WIJERS	3,745.5

WOMEN SENIOR	
1. GABRIELA FEBRES	5,590.00
2. CLAIRE PRIET	3,500.00
3. PATRIZIA BUSONI	3,306.40
4. SILA B. SOLVEIRA	2,699.80
5. JULIETA GIORDANO	2,360.00

JUNIOR	
1. ALEXANDER TIEDEMANN	2,880.00
2. SAMUEL SOPKO	2,199.80
3. BENJÁMIN LÁSZLÓ	2,134.80
4. ANDRIK GONZÁLEZ	1,730.00
5. LUKAS KONECNY	1,603.75

FIFG 2024 ANNUAL RANKING
REGION 3-EURO FOOTGOLF TOUR

MEN	POINTS
1. JOSEF NEMEC	3,066.64
2. NICOLAS PUSSINI	3,004.47
3. BEN CLARKE	2,952.04
4. ANDREJ IVAN	2,872.69
5. JAN KOZAK	2,188.52

SENIOR	POINTS
1. MAREK VITTEK	2,740.51
2. YANNICK BEYER	2,514.32
3. BÉLA LENGYEL	2,400.16
4. LAURENT GUENAIRE	2,364.51
5. ERIC HANSS	2,336.2

WOMEN	
1. KLAUDIA NEMCOVA	3,102.00
2. CLAIRE WILLIAMS	3,044.77
3. LUCIA CERMÁKOVÁ	2,840.00
4. MAUD SLECHTEN	2,760.74
5. REBEKA REŽNÁ	2,673.60

SENIOR+	
1. JOSÉ GUERRA	3,150.00
1. JAN HOLIC	3,150.00
3. KLAAS WIJERS	2,970.00
4. MARK EAGLESTONE	2,719.08
5. OSMAN BAYAZIT GENÇ	2,716.40

WOMEN SENIOR	
1. PATRIZIA BUSONI	2,915.55
1. SILA B. SOLVEIRA	2,741.60
3. CLAIRE PRIET	2,000.00
4. SANDRA GONCALVES	1,900.00
5. HILDE BJERKE	1,620.00

JUNIOR	
1. SAMUEL SOPKO	2,591.80
1. BENJÁMIN LÁSZLÓ	2,504.67
3. LUKAS KONECNY	1,964.39
4. AMANCIO DIEGO	1,888.69
5. JAVIER ABREU NIÑO	1,695.94

14.2 DIE ALTERSKLASSEN

Seit 2024 gibt es für die Altersklassen folgende Kategorien, auf die sich die Spieler zu Beginn des Jahres für die gesamte Saison festlegen müssen. Eine Entscheidung für die „jüngere" Kategorie ist ebenfalls möglich.

- Männer
  - Alle männlichen Spieler, mit Ausnahme derer in anderen Kategorien.
- Senioren 45+
  - Männliche Spieler, die im Jahr das 46. Lebensjahr vollenden oder älter sind.
- Senioren 55+
  - Männliche Spieler, die im Jahr das 56. Lebensjahr vollenden oder älter sind.
- Frauen
  - Alle weiblichen Spielerinnen, mit Ausnahme derer in anderen Kategorien.
- Frauen 45+
  - Weibliche Spielerinnen, die im Jahr das 46. Lebensjahr vollenden oder älter sind.

- Frauen 55+
  - Weibliche Spielerinnen, die im Jahr das 56. Lebensjahr vollenden oder älter sind.
- Junioren
  - Alle Spielerinnen und Spieler, die 18 Jahre oder jünger sind.

Für die Kategorien Senioren 55+ sowie sämtliche Frauenaltersklassen werden die im Buch erläuterten Ladies-Tee, sprich verkürzte Abschlagsboxen, definiert. Ob diese Abschläge auf den jeweiligen Bahnen erforderlich sind, entscheidet der Turnierveranstalter je nach den individuellen Gegebenheiten und Herausforderungen, wie der Distanz oder vorhandenen Hindernissen.

Zählt man die aktiven Turnierspieler je Altersklasse, ist zahlenmäßig die Kategorie der Männer am stärksten. Sie machen knapp die Hälfte der weltweiten Lizenzen aus, gefolgt von den Senioren 45+ und den Frauen.

14.3 DIE REGIONEN

Im Footgolf gibt es fünf verschiedene Regionen, die in Turnieren und Wettkämpfen berücksichtigt werden. Diese Aufteilung wurde gemacht, damit die Spieler in ihrer Region gegeneinander antreten können und die Anreise zu Turnieren kürzer und einfacher ist. Dabei hat jede Region ihre eigene Turnierserie, zum Beispiel die „North American Tour" für Nord- und Mittelamerika sowie die Karibik (Region 1) und die „South American Tour" für Südamerika (Region 2).

In Europa nehmen die Footgolfer automatisch an der „Euro Footgolf Tour" (Region 3) teil, während die Spieler aus Asien und Ozeanien in der „Asia-Pacific Tour" (Region 4) antreten. Afrika bildet eine eigene Region (Region 5), für die eine regionale Tour noch geplant wird. Jeder Spieler wird automatisch in der jeweiligen regionalen Rangliste geführt, sobald man in der entsprechenden Region ein Turnier gespielt hat und Punkte erspielen konnte.

Die regionale Einteilung sorgt dafür, dass Footgolf weltweit organisiert und fairer für alle Spielerinnen und Spieler gestaltet ist, auch wenn die Weltrangliste immer die übergreifende Rangliste darstellen wird.

Am Ende des Jahres vergibt der Weltverband innerhalb der verschiedenen Regionen und der finalen Weltranglisten ein Preisgeldbonus an die Spieler.

AFFG
FOOTGOLF FRANCE
Association Française de FootGolf
MASTERS
FOOTGOLF
FRENCH OPEN
FOOTGOLF

14.4 TURNIERE UND DEREN KATEGORIEN

Die FIFG World Tour umfasst verschiedene Turnierformate, die den Spielerinnen und Spielern unterschiedliche Plattformen bieten und je nach Kategorie nicht nur eine größere Anzahl an Teilnehmern bietet, sondern auch unterschiedliche Weltranglistenpunkte. Die Kategorie symbolisiert dabei immer die Anzahl Punkte, die der Sieger in seiner Altersklasse erhält.

Die FIFG hat je Kategorie auch verschiedene Kriterien, die zu erfüllen sind. So müssen für ein Turnier immer mindestens neun separate Löcher vorhanden sein und mindestens 18 Loch gespielt werden. Für manche Turniere ist eine 18-Loch-Golfanlage sogar obligatorisch. Aber für die zwei höchsten Klassen im Turnierzirkus gibt es seit 2024 ein definiertes und thematisch sehr breit aufgestelltes Qualifizierungsverfahren, bei dem neben dem Zukunftsausblick auch die Leistung des Vorjahres im Rating berücksichtigt wird. Die Kriterien erstrecken sich dabei über breite Themenfelder, die ein hochklassiges Turniererlebnis für die Spieler sicherstellen sollen, und somit auch einen gewissen Standard der beiden Kategorien FIFG1000 und FIFG500 garantieren sollen.

So werden zusammengefasst unter anderem folgende Themen in einer Evaluierung für die Austragung der zwei größten Turnierstufen berücksichtigt:

1. **Finanzen**
    - Zahlungen an FIFG und Spielerpreisgelder (rückblickend)
    - detaillierter Turnierbudgetplan
2. **Sportentwicklung**
    - Entwicklung im Land bezogen auf World-Tour-Lizenzen
    - Entwicklung speziell in den Bereichen Damen und Junioren
3. **Kursmanagement**
    - Qualität und Ausstattung des Veranstaltungsortes
    - regelbasierter Eignungsnachweis für Footgolf
    - Design des Kurses

4. **Turniermanagement**
    - Erfahrung in Turnierorganisation
    - Spieler- und Personalmanagement
    - Turnierablauf und Notfallpläne
    - sonstige Veranstaltungen und Dienstleistungen für Spieler
    - Marketing- und PR-Strategien
    - Sponsoring- und Medienplanung
    - Preisgelder

5 **Gesundheit und Nachhaltigkeit**
    - umweltfreundliche Maßnahmen
    - Einbindung der lokalen Gesellschaft und (schulischen) Institutionen
    - Sicherheitsmaßnahmen
    - medizinische (Notfall-)Planung

14.5 DIE EINZELNEN KATEGORIEN

14.5.1 MASTERS

Das prestigeträchtigste Turnier der Tour. Für das Masters qualifizieren sich alle Landesmeister der verschiedenen Altersklassen und spielen somit bei diesem Turnier wie bei der Champions League im Fußball „den Besten der Besten aus".

Der Austragungsort wird dabei immer von der FIFG anhand vergangener Turniere und deren Qualität bestimmt und bekanntgegeben.

14.5.2 MAJOR – FIFG1000

Die größte Turnierkategorie im Footgolf, von denen es im Jahr 2025 ingesamt nur sieben Ausführungen gibt. Dabei wird versucht diese auf alle Regionen zu verteilen. Aufgrund der internen Regularien der FIFG und der Anforderungen an so ein Turnier kann sich aber nicht jedes Land für ein Major bewerben. Im Jahr 2024 gab es vier Majorturniere in Europa und zwei in Südamerika. Diese Turniere sind von hoher Bedeutung und bieten den Teilnehmern die Möglichkeit, sich mit den besten Spielerinnen und Spielern der Welt zu messen.

Darüber hinaus können die Sportler die meisten Weltranglistenpunkte sammeln.

Für ein Majorturnier ist es im Übrigen obligatorisch, dass man zwei voneinander unabhängige 18-Loch-Kurse zur Verfügung stellen muss.

14.5.3 FIFG500

Die zweitgrößte Kategorie und die am meisten verbreiteten Turniere. So fanden allein im Jahr 2024 innerhalb der Region 3 (Europa) zehn FIFG500-Turniere statt. Und somit in fast der Hälfte der Mitgliedsländer der Region Europa.

Auch wenn nur eine bestimmte Anzahl dieser Turniere für die Weltrangliste gewertet werden, bieten diese Turniere nicht nur Prestige für die Landesverbände, sondern auch einen großen Reiz für die Spieler. Aufgrund der Anzahl und Verteilung innerhalb der Regionen wird diese Turnierreihe von den Footgolfern sehr rege genutzt und zieht meistens mehr als 200 Spieler an.

Im Gegensatz zu einem Major muss man nicht zwingend zwei separate 18-Loch-Golfkurse anbieten, aber es steht dem Veranstalter frei, dies zu tun. Aber es ist obligatorisch, das Turnier auf einem Kurs mit 18 Footgolflöchern durchzuführen.

14.5.4 FIFG250

Diese Turnierkategorie dient oft als Einstieg in die internationale Turnierserie und findet im Grunde genommen in jedem FIFG-Mitgliedsland statt. Sie ist auch die kleinste Wettbewerbsklasse, die, egal in welchem Land man an einem Turnier teilnimmt, auch für die Weltrangliste zählt. Bei einer Teilnehmerzahl von meist um die 70 bis 100 Spieler ergeben sich gute Möglichkeiten, sich mit den besten der Welt zu messen, aber auch Punkte für die Ranglisten zu sammeln. Der 250er-Eventstufe kommt insofern noch eine Besonderheit zu, dass diese die größte Turnierkategorie ist, die ein neues Mitgliedsland austragen darf. In den nachfolgenden Jahren gilt es, die FIFG-Kriterien zu erfüllen.

14.5.5 FIFG100

Diese Turniere bieten die geringste Punktzahl und werden nicht für die Weltrangliste gewertet, aber für die regionalen Wertungen. Diese Turnierklasse dient oft als Einstieg für neue Spieler oder als Vorbereitung für größere Wettkämpfe und finden sich in der nationalen Tour aller Länder wieder. Daher zählen die Ergebnisse in dieser Kategorie auch nicht in der Weltrangliste, sondern „nur" für die regionalen Wertungen, wie zum Beispiel der Europarangliste oder die Asienwertung.

Für ein nachhaltiges Wachstum der Sportart schreibt die FIFG eine gewisse Mindest- bzw. Maximalanzahl dieser FIFG100-Turniere für ein Mitgliedsland pro Jahr vor. Somit möchte man sicherstellen, dass im Sinne des Sports an einer nachhaltigen und sportlichen Entwicklung innerhalb des nationalen Verbandes gearbeitet wird. Diese Mindestvorgaben beziehen sich nur auf die Kategorie FIFG100:

LIZENZEN / ANZAHL TURNIERE	MINDESTENS	MAXIMAL
250+	10	14
180+	9	13
150+	8	12
100+	7	9
60+	6	8
40+	5	6
-40	2	5

Sofern diese Vorgaben nicht eingehalten werden, kann ein Mitgliedsland für das Folgejahr keinen Antrag für ein Turnier der Kategorie 500, 1000 oder Masters stellen.

Daneben reguliert der Weltverband derzeit anhand der Anzahl der aktiven World-Tour-Lizenzen je Mitgliederland, wie viele Turniere in welchen Kategorien man als jeweiliger Verband durchführen darf.

Denn ein sehr gewichtiger Punkt ist dabei, dass die jeweiligen Turnierkategorien, die man als Verband durchführen kann, von der Anzahl aktiver Spieler abhängen.

So gilt folgende Grundregel:

- Jedes Mitgliedsland kann immer ein Turnier der Kategorie 250 organisieren.
  - Bei 100 World-Tour-Lizenzen oder mehr dürfen zwei FIFG250 organisiert werden.
  - Sofern mehr als 150 Lizenzen eingelöst wurden, können drei FIFG250 organisiert werden.
- Ein neues Mitgliedsland bekommt für das erste Jahr immer ein FIFG250 zugesprochen.

14.6 TURNIERÜBERSCHNEIDUNGEN

Um ungünstige Überschneidungen zu vermeiden, hat der Weltverband genau festgesetzt, welche Turnierkategorien unter Berücksichtigung der Kategorien und einzelnen Regionen gleichzeitig stattfinden dürfen.

Dabei gelten folgende Richtlinien:

	FIFG 100	FIFG 250	FIFG 500	FIFG-MAJOR
Masters	✗	✗	✗	✗
FIFG-Major	✓	*Andere Region*	✗	✗
FIFG 500	✓	✓	✗	✗
FIFG 250	✓	✓	✓	*Andere Region*
FIFG 100	✓	✓	✓	✓

14.7 TURNIERGEBÜHREN

Abgesehen von den Lizenzgebühren verlangt der Weltverband pro Turnier gewisse Turniergebühren, die unter anderem in den Preisgeldbonusfonds zurückfließen.

Die Gebühren sind je Turnierkategorie unterschiedlich und stellen sich wie folgt dar:

TURNIERKATEGORI	GEBÜHREN	GEHEN AN
FIFG100	5-50 € (je nach Regionalverband)	Regional Fund
FIFG250	250 €	Global Fund
FIFG500	500 €	Global Fund
FIFG-Major	1000 €	Global Fund

14.8 PREISGELDER BEI TURNIEREN

Seit dem Jahr 2024 hat der Weltverband speziell für die Turniere der Kategorie Major ein Mindestpreisgeld festgesetzt. Aber auch für die weiteren Turniere gibt es Vorgaben, wie viel Preisgeld mindestens an die Teilnehmer ausgeschüttet werden muss.

Man muss leider festhalten, dass es derzeit immer noch die Spieler sind, die die Turniere zum größten Teil finanzieren. Damit nicht weiterhin die Sportler den Sport quasi selbst finanzieren und alles zahlen müssen, braucht es noch einiges an Arbeit und durchdachte Konzepte der Organisatoren – etwa im Bereich Sponsoring und anderer Einnahmequellen. Nur so lassen sich die Teilnahmegebühren senken (aktuell meist zwischen 50 und 300 Euro pro Turnier) und die Preisgelder erhöhen.

So lautet die Vorgabe der FIFG, dass bei einem Turnier der größten Kategorie Major das Gesamtpreisgeld, das heißt über alle Kategorien hinweg, mindestes 7500 Euro betragen muss. Für die übrigen Turniere jeglicher Kategorie ist die Faustformel für das Minimum 10 % der gesamten Teilnahmegebühr, die von allen Spielern entrichtet wird. Wobei immer ein Preisgeld von mindestens 1000 Euro ausgeschüttet werden muss, unabhängig von der Anzahl der Teilnehmer.

Die Höhe des Startgeldes und die exakte Aufteilung der Preisgelder werden jeweils vom Turnierveranstalter festgelegt.

14.9 PUNKTESCHLÜSSEL WELTRANGLISTE

Die FIFG verwendet für alle Turnierkategorien den gleichen Schlüssel zur Berechnung der jeweiligen Punkte je Position. So werden immer 92 % der Punkte der vorhergehenden Position berechnet. So erhält beispielhaft der Zweitplatzierte bei einem FIFG100 Turnier 92 Punkte und der Dritte somit 85 Punkte und so weiter.

14.10 NEUES FORMAT – FIFG CLUB WORLD TROPHY

Es ist noch gar nicht so lange her, da hat der Weltverband ein neues Format ins Leben gerufen: die FIFG Club World Trophy.

Dieser Wettbewerb soll die Footgolfvereine auf der ganzen Welt in einem aufregenden neuen Format zusammenbringen. Es soll mehr als ein Turnier sein, nämlich eine globale Bewegung, in der Clubs gegeneinander antreten, ihre Länder vertreten und ihre Leidenschaft für den Sport teilen.

Das Ziel ist, ein Wettbewerbssystem aufzubauen, das den Fokus auf Entwicklung und Teamgeist setzt und den Vereinen auf der ganzen Welt ermöglicht, den eigenen Verein und das eigene Land auf einer globalen Bühne zu vertreten.

Man weiß noch nicht sehr viel, aber die Reise für diesen Wettbewerb für Vereine soll auf lokaler Ebene beginnen, indem die Vereine um den Titel des nationalen Meisters kämpfen. Dabei kann jedes Mitgliedsland das Wettbewerbssystem an seine individuellen Bedürfnisse anpassen und so sicherstellen, dass es das lokale Wachstum und die Entwicklung fördert.

In einem nächsten Schritt treten dann die nationalen Meister auf der internationalen Bühne gegen die besten Vereine ihrer Region an. Die Gewinner jeder Region qualifizieren sich schließlich für die World Club Trophy, wo diese gegen die besten Vereine der Welt antreten.

MC
FOOTGOLF

15

15 PERSÖNLICHE TURNIERERLEBNISSE

Wie wir mittlerweile wissen, kämpfen Woche für Woche Spieler auf der ganzen Welt um wichtige Punkte für deren Landeswertungen, regionale Ranglisten und natürlich die Weltrangliste. In einem Sport, der auf der ganzen Welt gespielt wird, bietet der Turnierkalender das ganze Jahr über und vor allem Woche für Woche die Möglichkeit, an Turnieren in den verschiedenen Kategorien teilzunehmen. Dies lässt nicht nur den Sport wachsen, sondern erleichtert es den Spielern der verschiedenen Kontinente, nicht immer um die halbe Welt reisen zu müssen.

Und wenn wir von „auf der ganzen Welt" sprechen, dann meinen wir das im wortwörtlichen Sinne. So gibt es regelmäßig Turniere in Australien, Japan, Malaysia, Südafrika, USA, Argentinien, Honduras, Mexiko, Belgien, den Niederlanden, Luxemburg und vielen weiteren Ländern dieser Erde. Und natürlich auch in Deutschland und der Schweiz.

Wie alle anderen Footgolfer auch haben auch wir Autoren in den letzten Jahren an verschiedenen Turnieren in den verschiedenen Kategorien teilgenommen. Dabei versteckt der Turnierkalender sicherlich einige Highlights, wir wollen uns aber hier auf Turniere beschränken, bei denen wir persönlich Erfahrungen sammeln konnten.

Die meisten der Turniere, von denen wir berichten, zählen in den Spielerkreisen nicht nur zu den beliebtesten, sondern gehören auch zu den traditionellen Turnieren im Footgolfkalender und erfreuen sich reger Teilnahmen aus aller Welt.

Mein nächstes Turnier ist immer mein Favorit.

Nyclas „Swedish Tornado" Nyberg, Seniorenmeister Schweden

15.1 SLOWAKEI – DAS SCHLOSSTURNIER

Die Slovak Open, ein FIFG1000-Turnier, ist mittlerweile nicht mehr aus dem Kalen-

der wegzudenken. Das Major in der Slowakei besticht durch ein atemberaubendes Ambiente mit seinem Schloss und zwei sehr unterschiedlichen, aber auch anspruchsvollen 18-Loch-Kursen im Black & White Golf Resort Bratislava. Gemäß American Golf Digest 2012 verkörpert der Golfplatz den schwierigsten Platz in Europa und den besten in der Slowakei. Den „blauen" Kurs kann man als sehr technischen Kurs entlang des sehr schmalen und engen Fairways durch den Wald beschreiben, während der zweite Kurs, „Orange", etwas weitläufiger ist, aber dafür länger, mit mehr Wasserhindernissen und etwas hügeliger. Beide Kurse haben jeweils ein absolutes „Signature Hole". Der Kurs „Orange" startet mit einem Highlight an Loch 1, bei dem der Abschlag steil bergab geht, während man auf dem „blauen" Kurs mit dem traumhaften Blick auf das Schloss das Turnier beendet.

Die über 340 Spieler aus mehr als 25 Ländern erfreuten sich an einer guten Organisation, der Möglichkeit im Schloss zu übernachten und einem Rahmenprogramm wie einem Fußballspiel „Slowakei" vs. „Rest of the world" mit anschließendem Barbecue. Wer etwas Ruhe und Abgeschiedenheit erleben wollte, konnte dies im Ort Senec und am schönen See tun.

Es ist absolut kein Wunder, dass dieses Turnier bei den Spielern Jahr für Jahr weit oben im Turnierkalender steht. In der 2024 Ausgabe konnten sich der Slowake Josef Nemec (Herren), die Slowakin Klaudia Nemcova (Damen), der Franzose Yannick Beyer (Senioren 45+) sowie der Spanier Fernando Roman (Senioren 55+) und der Ungar Benjamin Laszlo (Junioren) in die Siegerliste eintragen.

In der Nähe von Bratislava diente dieses Jahr das Turnier neben dem normalen Turnierbetrieb zusätzlich noch als Qualifikationsturnier für die Europameisterschaft Ende des Jahres in der Türkei. So mussten insgesamt zwölf Nationen, die noch nicht für die EM qualifiziert waren, in einem speziellen Turniermodus um die Qualifikation kämpfen. Es zählten je Land die besten Ergebnisse der jeweils vier besten Spieler. Dadurch wurden die letzten acht Plätze der Euro ausgespielt und das Teilnehmerfeld der Europameisterschaft komplettiert. So konnten sich unter anderem Spanien, Belgien und England als die drei besten Länder qualifizieren.

Die Slovak Open werde ich dank meinem Sieg, meinem ersten Major Sieg, immer in Erinnerung behalten. Es ist ein grosses Turnier mit viel Konkurrenz und daher mein Favorit.

Klaudia Nemcová, Slovakin, Weltnummer 1

15.2 FRANKREICH – DAS JUBILÄUMSTURNIER

Die French Open feierten 2024 nicht nur das Jubiläum zum zehnten Mal ein Major auszuspielen, sondern erhielten sogar den Zuschlag das Masters auszutragen. Das Masters ist insofern immer ein besonderes Turnier, da sich die jeweiligen Landesmeister der einzelnen Verbände dafür qualifizieren müssen. So verwunderte es nicht, dass Teilnehmer aus nahezu allen Footgolf-Verbänden kurz vor den olympischen Spielen den Weg in die Nähe von Paris fanden und die Organisatoren mehr als 350 Spieler aus über 30 Ländern auf der Anlage des Golf Parc Robert Hersant begrüßen konnten. Spieler aus Mexiko, Japan, Australien und jedem europäischen Land duellierten sich sowohl um den Masters-Titel als auch um die Krone bei den French Open.

Im Übrigen wird bei dem Turnier das längste Footgolfloch der Welt gespielt. 530 Meter lang ist das Loch Nummer 11 auf dem Platini Kurs und verlangt den Spielern alles ab. Das Turnier ist neben seiner Tradition vor allem für das berühmte Loch Nummer 8 des Platini bekannt, bei dem es darum geht, den Abschlag bei diesem Par 3 auf eine Insel zu spielen.

Grundsätzlich sind die beiden Kurse sehr anspruchsvoll und warten mit viel Wasser und zumeist sehr schwierigen Lochpositionen auf. So wundert es nicht, dass das Turnier zu den schwersten Turnieren auf der Tour zählt.

Auch abseits des Fairways wurde den Spielern einiges geboten. Für die Footgolfer gab es während der drei Turniertage neben der Verpflegung auf der Anlage nicht nur das Angebot, alle Spiele der Fußball-EM zu schauen, sondern auch jeden Abend ein Rahmenprogramm.

Bei den French Open mitzuspielen heißt aber auch laufen, laufen, laufen ... denn fast alle Löcher führen weg vom Klubhaus und es gilt sehr weite Wege zurückzu-

legen. Dafür kann man sich aber die Müdigkeit durch Physiotherapeuten aus den Beinen massieren lassen.

In einem hochklassigen und dramatischen Finale setzte sich der Lokalmatador Nicolas Pussini im sogenannten Penalty Putt durch, während der Franzose Frederic Crevon bei den Senioren siegreich war. Ein weiterer Titel ging (mal wieder) in die Slowakei, da sich die amtierende Frauenweltmeisterin Lucia Cermakova die Krone aufsetzte. Bei den Senioren 55+ war es wiederum der Franzose Eric Dyrdol, der gewann.

Die French Open sind mein Lieblingsturnier – wegen der Herausforderung und Schönheit des Kurses

Alain Parage, Luxemburger, Landesmeister und Nationalspieler

15.3 ITALIEN – DAS TRADITIONSTURNIER

Ciao Bella, so kann man das Turnier beschreiben. Die Italian Open gehören in Europa zu den Traditionsturnieren. Seit vielen Jahren findet sich das Turnier des italienischen Verbandes im Turnierkalender wieder. Unweit von Venedig, im Herzen der Region Venetien, kämpfen die Spieler im ehrwürdigen Asolo Golfklub um wichtige Punkte für die Weltrangliste.

Für dieses FIFG500-Turnier kamen knapp 200 Spieler nach Italien. Sie konnten sich nicht nur an der schönen Landschaft und dem Country-Club-ähnlichen Ambiente erfreuen, sondern fanden auch zwei sehr gepflegte und anspruchsvolle 18-Loch-Kurse vor. Das Design der Footgolfkurse ist sehr durchdacht und stellt die Spieler vor verschiedene Herausforderungen. Mal technisch anspruchsvoll, mal eher für die „Longhitter", aber immer mit Möglichkeiten, mit der richtigen Strategie erfolgreich zu sein.

Dank separatem Zelt auf der großzügigen Terrasse neben dem altehrwürdigen Klubhaus gab es immer genug Platz für die Spieler, um Gespräche zu führen oder einfach nur um Ruhe zu finden. Die Lunch-Verpflegung bei den Italian Open gehört sicherlich mit zu den Besten auf der Tour. Sowohl was die Auswahl angeht als auch die Qualität. Gute italienische Küche eben.

Für die Begleitpersonen, und natürlich auch die Spieler, ist die Poollandschaft mit Blick auf die Golfanlage eine willkommene Abwechslung und herrliche Erfrischung.

Wie international auch dieses Turnier besetzt war, zeigt die Siegerliste. Bei den Herren hat sich der Weltmeister aus dem Jahr 2018, Matias Perrone aus Argentinien, als Sieger ausgezeichnet. Bei den Damen krönte sich die Slowakin Rebeka Rezna zur Königin von Italien. In beiden Seniorenkategorien war es jeweils ein Lokalmatador, der als Gewinner ausgezeichnet wurde.

15.4 SCHWEIZ – DAS BERGTURNIER

Das Schweizer Turnier „The Classic" gehört nicht nur seit elf Jahren in den Turnierkalender der World Tour, sondern ist unser Heimturnier. In den vergangenen Jahren fand das Turnier immer oberhalb des Genfer Sees im Golfparc Signal de Bougy statt. Aber im Jahr 2024 wartete auf die Footgolfer etwas Einzigartiges: Footgolf in den Schweizer Bergen. Ganz in der Nähe der Rheinquelle kämpften 150 Spieler auf 1700 Höhenmetern um Punkte für die Weltrangliste. Der Golfkurs in Sedrun liegt die Hälfte des Jahres unter Schneedecken, sodass er nur knapp sechs Monate im Jahr geöffnet hat, und stellte die Footgolfer aus 15 Nationen vor ganz neue und andere Herausforderungen als man dies auf einem normalen Golfparcours gewohnt ist. Der Platz lebt, die Naturgewalten sind spürbar. Und wann spielt man schon mal Footgolf am Ursprung des Rheines?

Umgeben von den prachtvollen Schweizer Bergen ist der 18-Loch-Parcours als Berggolfplatz nicht zu vergleichen mit anderen Turnieren. Den Unebenheiten der wilden Natur geschuldet, machen viele und mächtige Felsformationen und die Anstrengungen der Höhe das FIFG500-Turnier zu etwas ganz Speziellem. Es ist nicht nur das größte Schweizer Turnier, sondern eines der wenigen Turniere der Welt, das seit Jahren den Turniersieg nach zwei Turniertagen unter den Top 20 auf weiteren neun Löchern ausspielen lässt. Im Grand Final, wie es immer genannt wird.

Während in Bougy das Loch 18 mit dem Blick auf den Genfer See als Signature-Loch zu bezeichnen ist, ist der Abschlag am Loch 15 in Sedrun mit seinem Blick auf den Rhein, die Massiven Berge und dem zu überwindendem Gefälle vielleicht der imposanteste Abschlag im Footgolfzirkus. Das Turnier in Sedrun - egal in welcher internationalen Turnierkategorie - gehört sicher auf die „Bucket-List" jedes Footgolfers.

In dieser speziellen Ausgabe des „The Classic" setzte sich der Argentinier Matias Perrone im Stechen gegen den Lokalmatadoren David Mancino durch. Einen ausgezeichneten vierten Rang holte im Übrigen der Deutsche Yassine Zienecker. Bei den Frauen holte sich die junge Niederländerin Marit Schaap die Trophäe, während bei Senioren drei Italiener auf dem Podium standen. Auch bei den Senioren 55+ triumphierte mit Roberto Alfieri ein Italiener.

„The Classic" ist einzigartig –
der Kurs und insbesondere Loch 18 sind einmalig.

Paolo Celebrano, Italiener, Sieger The Classic 2022, Nationalspieler

15.5 SCHWEDEN – DER NEULING

Schweden ist nicht nur allen bekannt für ABBA, sondern seit kurzem im Footgolf auch für ein sehr gut organisiertes Turnier. Die Swedish Open haben dank hervorragender Bewertungen aus dem Jahr 2023 und tollem Konzept für 2024 vom Weltverband sogar ein Major zugesprochen bekommen.

Unweit von Stockholm und nur wenige Minuten vom Stockholmer Flughafen entfernt kämpften die 327 Teilnehmer nicht nur um 1000 Punkte für den Sieger, sondern auch mit 29.500 Dollar Gesamtpreisgeld um das größte Preisgeld aller Majorturniere des Jahres 2024 - und das mit dem niedrigsten Nenngeld. Außergewöhnlich.

Neben einem abwechslungsreichen und attraktiven Rahmenprogramm fanden die Spieler aus 28 Ländern aber in erster Linie zwei sehr komplizierte Footgolfkurse vor. Die Kombination aus Distanz, Hindernissen und Lochpositionen machte das ein oder andere Loch beim Turnier im Arlandastad Golf sehr schwer. Und Gerüchten zufolge windet es dort immer, was den Kurs nicht leichter gemacht hat.

Eine für Footgolfturniere sehr willkommene Abwechslung war, dass alle Spieler in einem Hotel untergebracht waren. Die Bar und die Freizeitangebote wie Tischtennis waren jeden Abend schwer belagert und nicht selten kam es zu wahren Battles um die Krone im Tischtennis.

Die Organisatoren haben sich einiges einfallen lassen, um den Aufenthalt so angenehm wie möglich zu machen. Neben regelmäßigem Bustransfer zwischen Hotel und Anlage wurde ein Dinner Event in der altehrwürdigen Stockholmer Oper organisiert, mit anschließendem Nightclub-Besuch. Bevor das Turnier mit einer Zeremonie eröffnet wurde, gab es noch ein Pro-Am-Turnier. Bei einem Pro-Am-Turnier haben Fans, Sponsoren oder Partner die Chance, mit den Profis zu spielen.

Auch wenn die Wege vereinzelt recht weitläufig waren, fand vor allem das Verpflegungszelt in der Mitte der beiden 18-Loch-Kurse viel Anklang und entwickelte sich regelrecht zum Meeting Point. Für die Sieger gab es nicht nur Preisgelder auf Rekordniveau, sondern auch wichtige Punkte für die Weltrangliste. So schaffte Josef Nemec aus der Slowakei schier Unglaubliches und holte nach einer atemberaubenden Aufholjagd und anschließendem Sieg im Playoff den Titel. Bei den Damen feierte Lucia Cermakova als amtierende Weltmeisterin ihren ersten Titel bei einem Major. Bei den Senioren ging der Titel nach Frankreich, da sich Sebastien Dany am Ende durchsetzen konnte. Ein weiterer Titel ging bei den Seniorinnen dank Clarie

Priet auch an eine Französin. Mit dem Sieger Sergio Zorniotti ging die Krone bei den Senioren 55+ nach Bella Italia.

Das Königreich Schweden ist nicht nur wegen des Sports eine Reise wert, aber eben auch genau deswegen.

Mein Lieblingsturnier: die Swedish Open – tolle Organisation, nette Leute, schöne Plätze und eine großartige Atmosphäre.

Rebeka Rezna, Slowakin, Weltnummer 4

15.6 DUBAI – DER EXOT

In Dubai ist alles möglich, auch Footgolf. Die Professional Footgolf Tour ist eine privat geführte Eventreihe, die außerhalb des internationalen Verbandes stattfindet. Die Turniere zählen daher auch nicht für die Weltrangliste und es ist noch nicht absehbar, ob sich die Organisatoren und der Weltverband noch auf eine gemeinsame Zusammenarbeit einigen können. Aber wir wollen das Turnier in Dubai, besser gesagt, im Emirat Sharjah, aufgrund der außergewöhnlichen Location und den damit verbundenen Möglichkeiten nicht außen vor lassen. Wie sich jeder vorstellen kann, hat allein die Tatsache unweit des Burj Khalifa ein Footgolf Turnier spielen zu können schon einen ganz eigenen Reiz. Aber innerhalb der „Week of the stars" war auch das Footgolfevent für die Teilnehmenden ein absolutes Highlight. Verbunden mit einer guten Organisation, einem grandiosen, qualitativ hochwertigen Golfplatz und einem spannenden Footgolfkurs hat das Turnier mehr als nur einen hohen Standard gesetzt. Die Spieler haben die Tage im sonnigen Emirat sehr genossen und unter der Schirmherrschaft des Scheiches zählte auch der Doppelwettbewerb unter Flutlicht zu den einmaligen Erlebnissen, die man nicht alle Tage erleben kann.

15.7 DIE WELTMEISTERSCHAFT

Innerhalb des Disney World Areals fand 2023 die Footgolf-WM statt. Die größte Weltmeisterschaft aller Zeiten mit knapp 1000 Teilnehmern aus 40 Nationen. Nach einer knalligen Eröffnungsfeier mit Live-Musik und weiteren Performances duellierten sich die Spieler auf insgesamt vier Kursen sowohl im Einzelwettbewerb wie auch im Team um die WM-Krone.

Allein die große Teilnehmerzahl stellte den US-Verband als Veranstalter vor einige organisatorische Herausforderungen und erschwerend kam dann noch dazu, dass das geplante Resort, wie ein olympisches Dorf direkt am Golfplatz, nicht rechtzeitig fertig wurde.

Aber trotz aller Widrigkeiten ist und bleibt die WM ein „once in a lifetime"-Erlebnis. Mickey & Minnie Maus hätten ihre Freude gehabt.

Die einzelnen Kurse waren alle unterschiedlich, die Qualität der Fairways und Greens aber durchweg auf höchstem Niveau. Nur die Alligatoren waren hier und da furchteinflößend.

Innerhalb von 13 Turniertagen waren die einzelnen Spieler, je nach Erfolg des Teams, an bis zu elf Tagen gefordert. Wie für Florida üblich, kamen dann noch witterungsbedingte Verschiebungen hinzu, sodass so mancher nicht nur sehr lange Tage am Kurs hatte, sondern auch zweimal am Tag Footgolf spielen musste. Aber das tat der

Euphorie und dem Erlebnis keinen Abbruch, auch wenn die Beine trotz Massagen mit der Zeit durchaus müde wurden. Nach langen, aber einmaligen Turniertagen krönte sich der Ungar Bence Bacskai bei den Herren zum Weltmeister, während bei den Damen die Slowakei in Lucia Cermakova die Siegerin stellte. Bei den Senioren wiederum war es Jan Aksel Odden, der für Norwegen einen Weltmeistertitel holte.

Bei den Teamwettbewerben war es nach einem atemberaubenden Herzschlagfinale gegen Argentinien zum wiederholten Male Frankreich, das sich zum Teamweltmeister kürte. Da sich beim Teamwettbewerb der Senioren Argentinien krönte und die Japanerinnen bei den Frauen, war es für den Sport besonders feierlich, dass in jeder Kategorie die Sieger aus einem anderen Land kamen, sogar inklusive der Teamwettbewerbe.

15.8 SCHOTTLAND – DER HIGHLANDER

Rund eine Stunde von Edinburgh entfernt fanden 2024 die Scottish Open statt. Ein Turnier der Extraklasse. Das Hotel war direkt auf der Anlage, die zwei 18-Loch-Kurse mit das Beste, was es auf der Worldtour gibt und die Landschaft, wie will man es in Schottland anders erwarten, zauberhaft. Abgesehen vom Wind ... aber auch das wohl typisch Schottisch.

Man kann es einfach nicht anders sagen, aber das Turnier in Schottland sollte für jeden Footgolfer in den Kalender gehören.

Zwei anspruchsvolle Kurse, die für jeden Spielertypen etwas zu bieten haben und jeden vor Herausforderungen stellen. Insgesamt 54 Löcher wurden an zwei Tagen gespielt, bevor der Sieger und die Siegerinnen feststanden. Aufgrund der Tatsache, dass das Hotel wie erwähnt direkt am Kurs lag, waren die Wege für die Spieler kurz und das Miteinander besonders gut. Dies wurde auch am Eröffnungsabend bei den „Highland Games" noch gefördert. Bei so spannenden und anderen unterhaltsamen Aufgaben wie Gummistiefelweitwurf oder Baumstammwerfen hatten die knapp 200 Spieler nicht nur viel Spaß, sondern konnten auch stimmungsgeladen ins Turnier starten.

Am Finaltag erschwerten aber Windbedingungen von bis zu 60 km/h einen reibungslosen Turnierabschluss doch sehr. Man muss schon sagen, dass es teilweise nah an unspielbare Bedingungen grenzte, wenn man sich überlegt, dass der Fußball von allein weggerollt ist. Aber wie immer haben die Besten der Besten auch das gemeistert und unvorstellbare Ergebnisse abgeliefert. In erster Linie gelang dies dem Sieger aus Frankreich Nicolas Pussini in atemberaubender Weise. Bei den Damen gewann die Engländerin Sarah White mit nur einem Schlag Vorsprung vor den zwei Konkurrentinnen aus Wales und Schottland. Den Titel bei den Senioren 45+ machten tatsächlich drei US-Amerikaner im Stechen unter sich aus, wo sich Sean Luigs am Ende durchsetzte. Auch nur einen Schlag Vorsprung hatte Eric Dyrdol bei den Senioren 55+ vor seinem französischen Landsmann.

Im Anschluss an das Wochenende fand in diesem Jahr der sogenannte Janssen Cup statt, bei dem sich ähnlich wie im Ryder Cup Footgolfer aus den USA mit denen aus dem UK gemessen haben. Ein sehr spannender Wettbewerb, der sich hoffentlich auch noch in andere Länder verbreiten wird.

15.9 GERMAN OPEN – DAS FAMILIÄRE

In Mudau finden seit zwei Jahren die German Open statt. Das größte deutsche Footgolfturnier besticht neben dem tollen Kurs in erste Linie mit dem sehr familiären Ambiente.

Im schönen Neckar-Odenwald-Kreis liegt die 18-Loch-Golfanlage, bei der man neben Golf auch Footgolf, Discgolf und Fußballgolf spielen kann. Darüber hinaus bietet die Golf- und Freizeitanlage verschiedene Ferienwohnungen, knapp 30 Campingstellplätze und drei Schlaffässer - alles wird von den Spielern gerne und zahlreich genutzt.

Auf dem sehr anspruchsvollen 18-Loch-Kurs müssen sich die Spieler mit verschiedenen Hindernissen und Herausforderungen auseinandersetzen. Aber in erster Linie ist es ein Footgolfplatz, der ach aufgrund der Distanzen und des Kursdesigns kaum Fehler verzeiht. So überrascht es nicht, dass eine Runde unter Par nur von sehr wenigen der knapp 60 Teilnehmer bei dem FIFG250-Turnier geschafft wurde. Das allein zeigt, wie anspruchsvoll der Kurs bei den German Open ist.

Am Ende überraschte es nicht, dass die Weltnummer 1 Ben Clarke und der Lokalmatador Joshua Gröner sich von der Konkurrenz absetzen konnten und den Sieg unter sich ausmachten. Am Ende triumphierte der Engländer mit einem Schlag Vorsprung auf den Deutschen. Bei den Senioren wurde der Sieg unter drei Elsässern entschieden, während bei den Damen die amtierende Doppelweltmeisterin im Fußballgolf Laura Rolli gewann.

Die Teilnehmer aus über zehn Nationen konnten sich aber neben dem sportlichen auch noch über ein buntes Rahmenprogramm erfreuen. Nach dem ersten Turniertag wurde es beim bayerischen Abend zünftig und am Finaltag wurde allen Spielern und Gästen durch den Musikverein kräftig eingeheizt. All das führt dazu, dass sich die Spieler bei den German Open nicht nur wohlfühlen, sondern sich das Turnier unter den Footgolfern immer mehr einen Namen macht und ein mehr als würdiges Aushängeschild für den deutschen Footgolfverband darstellt.

15.10 PORTUGAL OPEN – DAS BUNTE TURNIER

Im Süden Europas laden die Portugal Open die Spieler ein, die Gastfreundschaft Portugals kennenzulernen. Rund eine Autostunde von Porto entfernt, unweit des Ortes Viseu, liegt der Golfplatz Montebelo erhaben in den Bergen der Region.

Auf zwei anspruchsvollen Kursen, versehen mit viel Wald und Hügeln, kämpften mehr als 200 Spieler aus über 20 Ländern beim letzten Major des Jahres 2024 in Europa um die Krone Portugals und 1000 Punkte für den Sieger in jeder Altersklasse.

Das Turnier, organisiert vom portugiesischen Verband, lässt für die Spieler kaum Wünsche offen. Von Turnierrezeption, Massagemöglichkeiten, Eisbädern, ausgiebigen Verpflegungsmöglichkeiten, guten Beschilderungen und vielem mehr findet man alles vor, was man sich als Footgolfer für die vier Turniertage wünscht. Auch abseits des Platzes verschafft ein abwechslungsreiches Programm willkommene Ablenkung vom sportlichen Wettbewerb und bietet viel Raum für ein buntes Miteinander. Von einer großen Eröffnungsfeier über einen portugiesischen Abend bis hin zu einer festlichen Abschlussfeier auf der großzügigen Terrasse des Golfklubs lässt das Rahmenprogramm kaum Wünsche offen.

Aus sportlicher Sicht verlangen die Kurse von den Spielern über die Turniertage volle Konzentration, da sie kaum Fehler verzeihen. Am besten zurecht gefunden hat sich erneut der Franzose Nicolas Pussini, der sich nach drei Runden gegen zwei Spanier durchsetzen konnte. In beiden Seniorenkategorien blieb es Französisch, da sich die beiden Elsässer Eric Hanss (Senioren 45+) und Jose Guerra (Senioren 55+) die Titel sicherten. Einen Back-to-Back-Sieg holte sich wie im Vorjahr die Schottin Claire Williams. Portugal scheint ihr zu liegen.

Portugal Open – die perfekte Mischung aus Wettkampf und kulturellem Eintauchen.

Sara Marques, portugiesische Nationalspielerin

15.11 ARGENTINA OPEN – EIN GASTBEITRAG VON MATIAS PERRONE (WELTMEISTER 2018)

Die Argentina Open, eines von nur sechs Major Turnieren, sind nicht nur in Südamerika, sondern weltweit ein Klassiker. Es gibt zwei Hauptgründe, die dieses Turnier so besonders machen. Einer davon ist das Gesamterlebnis. Die Organisation berücksichtigt nicht nur das Spiel selbst - das auf einem äußerst anspruchsvollen Platz ausgetragen wird -, sondern alles, was ein Spieler erleben sollte, wenn er an einem Major teilnimmt. Vom Moment der Ankunft bis zur Abreise ist alles perfekt organisiert. Es ist sehr ähnlich wie bei großen Golfturnieren, mit klarer Beschilderung, Akkreditierung, Massageservice, Scorekartenverteilung, digitaler Kommunikation und umfangreichen Aktivitäten, die für Spaß und Freude sorgen, ohne dass ein ständiger Wettbewerb erforderlich ist.

Der zweite Grund, warum dieses Turnier eine Herausforderung darstellt, ist die hohe Anzahl argentinischer Spitzenspieler. Diese Sportler kommen aus dem ganzen Land und nehmen, ähnlich wie in Europa, häufig an Wettkämpfen teil, allerdings meist auf lokaler Ebene.

Aufgrund wirtschaftlicher Herausforderungen ist es leider selten, dass internationale Spieler dorthin reisen, umso schöner, wenn manche dennoch den Weg auf sich nehmen. Das Niveau des Majors ist dennoch außergewöhnlich, gibt es doch in Argentinien viele hochqualifizierte Spieler, die regelmäßig trainieren und an Wettkämpfen teilnehmen. Immerhin hat das Land bereits zwei Footgolf Weltmeister gestellt und ist amtierender Team-Vizeweltmeister.

Es handelt sich zweifellos um das prestigeträchtigste Turnier in Nord-, Mittel- und Südamerika, sowohl wegen seines Status als auch wegen der Qualität der Veranstaltung, bei der die Spieler im Mittelpunkt stehen. Und wenn man sich schon mal auf den Weg macht, sollte man das Land und seine verlockenden kulinarischen und touristischen Möglichkeiten erleben.

Im Jahr 2024 wurde das Major auf dem Praderas Golf in Luján ausgetragen, einem Platz, auf dem bereits frühere Ausgaben der Open stattfanden. Der Platz hat das für die Plätze von Javier De Ancizar typische anspruchsvolle Design, das den Spielern alle Arten von Schlägen abverlangt. Es waren drei Tage voller Spannung und Footgolf pur.

Als einer von nur wenigen aus Europa angereisten Spieler krönte sich Nicolas Pussini nicht nur zum Sieger, sondern durch den Sieg auch zur Nummer 1 der Welt. Gleiches gilt für die junge Slowakin Klaudia Nemcova bei den Damen. Für beide hat sich somit der weite Weg nach Südamerika mehr als gelohnt. Bei den beiden Seniorenkategorien blieben die Siegerpokale in Argentinien, In Argentinien wurde auch die Kategorie Seniorinnen 45+ ausgespielt, wo der Titel nach Venezuela ging.

15.12 SPANISH OPEN – DAS SÜDLICHSTE

Direkt an der malerischen Atlantikküste Andalusiens, unweit von der Cadiz, fand die Footgolfsaison 2024 in Europa mit den Spanish Open, einem FIFG500-Turnier, ein Ende.

Kurz vor der Europameisterschaft nutzten knapp 150 Teilnehmer aus über 15 Ländern die Möglichkeit, sich für die bevorstehende EM in der Türkei zu rüsten. Für die Spanier war es zudem der entscheidende Abschluss um die einzelnen spanischen Titel.

Die Organisatoren vom spanischen Verband gaben sich größte Mühe, den Spielern und Spielerinnen den Aufenthalt an der Costa de la Luz nicht nur so angenehm wie möglich zu gestalten, sondern auch sportlich mit einem interessanten und herausfordernden Kurs für spannende Turniertage zu sorgen.

Der 18-Loch-Parcours sah auf den ersten Blick einfacher aus, als er, umgeben von Olivenbäumen und einigen Wasser- und Bunkerhindernissen, tatsächlich war. Allein die Tatsache, dass am Ende des Turnieres nur drei Spieler ein Ergebnis unter Par spielen konnten, zeigt, wie herausfordernd der Kurs in Wahrheit zu bespielen war. Hinzu kamen speziell am Sonntag noch Windböen mit bis zu 41 Stundenkilometern, die an der einen oder anderen Stelle das Spielen nahezu unmöglich machten. Aber wie immer schafften es die besten unter den Teilnehmern dennoch, mit den Bedingungen umzugehen und gute Ergebnisse zu erreichen.

Bei den Herren machten die einzigen drei Spieler, die nach drei Turniertagen unter Par geblieben sind, den Titel unter sich aus. Am Ende setzte sich der ehemalige Fußballprofi Carlos Calvo durch und gewann zum ersten Mal die Spanish Open und die spanische Meisterschaft. Bei den Senioren 45+ ging der Titel mit nur einem Schlag Vorsprung an Yannick Beyer aus dem Elsass, während der Niederländer Klaas Weijers bei den Senioren 55+ den ersten Platz belegte. Zum wiederholten Male krönte sich die Schottin Claire Williams zur Siegerin in Spanien, da sie sich mit einem Schlag Vorsprung gegen die junge Ungarin Dora Kuchta durchsetzen konnte. Sowohl für die Zukunft des Sportes im Allgemeinen als auch für das Turnier an sich war es besonders erfreulich, dass insgesamt sieben Junioren im Alter von 10 bis 16 Jahren teilgenommen haben. In einem knappen Rennen setzte sich am Ende der Ungar Benjamin Laszlo durch. Bravo an alle jungen Talente, die wie alle Teilnehmer drei Tage am Stück gespielt haben.

Das Turnier im Club de Golf Campano im Ferienort Chiclana de la Frontera bestach durch ein sehr abwechslungsreiches und stimmiges Gesamtpaket. Neben einem schönen und herausfordernden Kurs bestach das Turnier mit viel Liebe zum Detail. Angefangen von einem optionalen All-Inclusive-Hotelangebot, über ein Picknick am Trainingstag mit regionalen Delikatessen, einen stimmungsgeladenen Eröffnungsabend, bis zu stetig ausreichender Verpflegung über den Kurs verteilt gab es wenig, was man als Teilnehmer vermissen würde. Von daher bleibt nur zu sagen: Hasta el próximo año, bis nächstes Jahr!

15.13 DIE EUROPAMEISTERSCHAFT

Das Jahr 2024 endete mit einem sportlichen Höhepunkt: der Footgolf-Europameisterschaft in Antalya, Türkei. Während in weiten Teilen Europas bereits der Winter Einzug hielt, kämpften 20 Nationen in den Kategorien Damen, Herren und Senioren unter der türkischen Sonne um den begehrten Titel des Europameisters. Vom 7. bis zum 13. Dezember traten fast 450 Spieler auf drei anspruchsvollen Kursen im Matchplay-Format gegeneinander an – eine Woche voller Spannung, Teamgeist und herausragender sportlicher Leistungen.

Die Teilnehmer absolvierten während des Turniers unglaubliche 162 Löcher und feuerten im Schnitt mehr als 600 Schüsse ab. Wegen der Trainingseinheiten und Matches blieben kaum Zeit und Energie, die luxuriösen Annehmlichkeiten der beiden 5-Sterne-All-inclusive-Hotels in Antalya auszukosten. Stattdessen bestimmten drei Stationen den Tagesablauf: Zimmer, Golfplatz und Restaurant.

Trotz der organisatorischen Herausforderungen eines solch großen Events leisteten der türkische Footgolfverband und die FIFG (Federation for International Footgolf) großartige Arbeit. Die Kombination aus erstklassigen Kursen, luxuriösen Unterkünften und der Nähe zu allen sportlichen Aktivitäten sorgte für einen reibungslosen Ablauf und ein insgesamt hervorragendes Turniererlebnis.

Das Turnier begann mit einer spannenden Gruppenphase, in der sich die Teams für die Finalspiele oder die Platzierungsrunden qualifizieren mussten. Während bei den Damen zwei Gruppen à fünf Teams spielten, aus denen jeweils vier Mannschaften in die Finalrunde einzogen, kämpften die Herren und Senioren in mehreren Vierergruppen um die begehrten Viertelfinalplätze.

Das Matchplay-Format sorgte für zahlreiche knappe Entscheidungen. Manch eine Mannschaft verpasste die Finalrunde um Haaresbreite, oft entschieden nur wenige gewonnene Löcher über das Weiterkommen.

Neben Überraschungsteams wie Tschechien, das bei den Herren einen beeindruckenden fünften Platz belegte, und den Niederlanden, die bei den Damen auf Platz drei landeten, standen sich in den Finalspielen jeweils Nationen gegenüber, die zum Favoritenkreis gehörten.

- Frankreich triumphierte sowohl bei den Damen als auch bei den Senioren. Die Damen besiegten Spanien im Finale, gespielt mit zwei Einzeln und einem Doppel, und holten sich verdient die Krone. Die Senioren setzten sich in einem packenden Duell gegen Ungarn durch.

- Bei den Herren gab es eine Premiere: Die Slowakei sicherte sich erstmals den Europameistertitel. In einem nervenaufreibenden Finale gegen Spanien, das nach drei Einzeln und drei Doppeln mit 3:3 endete, entschieden zwei gewonnene Löcher mehr zugunsten der Slowaken – ein historischer Moment.

Mit einer farbenfrohen und emotionalen Siegerehrung ging nicht nur die Europameisterschaft, sondern auch ein aufregendes Footgolf-Jahr zu Ende. Es war ein Turnier voller Highlights, leidenschaftlichem Einsatz und neuen strahlenden Siegern – ein unvergesslicher Abschluss für alle Beteiligten und Fans des Sports.

ANHANG

DIE AUTOREN

MALTE COMMANDEUR

Für den gebürtigen Karlsruher Malte Commandeur, der seit 2007 in der Schweiz lebt und mittlerweile den Schweizer Pass besitzt, ist Footgolf weit mehr als nur ein Sport - es ist pure Leidenschaft. Schon sein ganzes Leben wird von zwei zentralen Themen bestimmt: Sport und Unternehmertum.

Während seiner Schulzeit versuchte er sich als Tennisprofi und bereiste dabei die Welt. Dabei hatte er das Glück, mit einigen der erfolgreichsten Tennisspieler in der Geschichte dieses Sports auf dem Platz zu stehen. Diese Erfahrungen prägten ihn tief.

Im Laufe seiner Karriere entschied sich Malte, ein Bachelorstudium zu absolvieren und sich im Sportmanagement selbstständig zu machen. Er nutzte seine weitreichenden Erfahrungen aus dem Tennissport sowohl für die Betreuung von Tennisprofis als auch in der Organisation internationaler Tennisturniere. Aus beruflichen Gründen verschlug es ihn schließlich in die Schweiz, wo er heute als Geschäftsführer einer erfolgreichen Schweizer Firma tätig ist.

Der Weg zum Footgolf war für ihn ein glücklicher Zufall. Als begeisterter Hobbyfußballer stieß er dank eines Gewinnspiels eines österreichischen Hotels zum ersten Mal auf diesen Sport. Von seiner ersten Teilnahme an, einem Hobby World Cup in Österreich im Jahr 2018, war er begeistert und seitdem lässt ihn dieser Sport nicht mehr los. Heute nimmt Malte regelmäßig an internationalen Footgolfturnieren teil und ist fasziniert davon, wie seine Leidenschaft ihn an Orte führt, die er sonst wahrscheinlich nie bereist hätte.

Für Malte Commandeur ist Footgolf die perfekte Symbiose zu seiner Zeit im Tennis. Beide Sportarten erfordern jeweils ein hohes Maß an Präzision, Ausdauer und mentaler Stärke, doch es hat für ihn auch die besondere Faszination, dass es nicht nur eine sportliche Betätigung, sondern auch ein soziales Erlebnis bietet.

Die Footgolf-Community erinnert ihn an die Verbundenheit, die er einst im Tennis erlebt hat, und die sogenannte Footgolf-Familie ist für ihn zu einem zweiten Zuhause geworden, in dem er Freunde fürs Leben gefunden hat.

Zu seinen größten Erfolgen zählen neben mehreren Topplatzierungen in der Schweiz auch der dritte Platz in Dubai. Bei der Weltmeisterschaft schaffte er es zudem, der drittbeste Schweizer zu werden. Diese Leistungen zeigen, wie sehr sich Malte in den Sport hineingearbeitet hat und wie stark seine Leidenschaft für Footgolf ist.

FABIENNE BACHMANN

Fabienne Bachmann, geboren am 29. Juli 1995, wuchs im Herzen der Schweiz auf und zeigte schon in jungen Jahren eine Leidenschaft für Sport. Besonders der Fußball fesselte sie. Ihre Begeisterung führte sie zu 20 Jahren im Fußball, wo sie unter anderem beim FC Aarau spielte. Dort sammelte sie wertvolle Erfahrungen, kämpfte sich durch Höhen und Tiefen und entwickelte eine beeindruckende Willensstärke. Eine schwere Verletzung setzte ihrer aktiven Laufbahn ein plötzliches Ende.

Statt sich jedoch entmutigen zu lassen, fand Fabienne neue Wege, ihre Liebe zum Fußball auszuleben. Sie entschied sich, ihre Erfahrungen weiterzugeben, und übernahm für drei Jahre die Rolle der Trainerin. In dieser Zeit prägte sie junge Talente, förderte deren Entwicklung und stellte sich einer neuen Herausforderung: die Perspektive vom Spielfeldrand zu erleben.

Doch Fabienne Bachmann ist nicht nur auf dem Spielfeld stark. Parallel zu ihrer sportlichen Leidenschaft absolvierte sie eine Ausbildung zur Kauffrau (KV), die ihr beruflich ein stabiles Fundament gab. Heute ist sie als Business Development Managerin in einem Start-up tätig und bringt dort ihre analytischen Fähigkeiten und strategischen Fertigkeiten ein, um das Unternehmen erfolgreich weiterzuentwickeln.

Im Jahr 2022 entdeckte Fabienne eine neue sportliche Leidenschaft: Footgolf. Diese Mischung aus Fußball und Golf bot ihr eine neue Herausforderung, die sie mit offenen Armen annahm. Innerhalb kürzester Zeit katapultierte sie sich an die Spitze der nationalen Rangliste. Zweimal wurde sie Vizeschweizermeisterin und vertrat die

Schweiz 2023 bei der Footgolf-Weltmeisterschaft in Orlando, wo sie unter 117 Spielerinnen den 18. Platz erreichte.

Der Weg von Fabienne Bachmann zeigt eindrucksvoll, dass Rückschläge auch Chancen bergen können. Ihre Geschichte ist ein Beispiel dafür, wie man mit Entschlossenheit, Anpassungsfähigkeit und Durchhaltevermögen sowohl im Sport als auch im Beruf erfolgreich sein kann.

DANKSAGUNG

Dieses Buch wäre ohne die Unterstützung vieler Menschen nicht möglich gewesen. Daher möchten wir die Gelegenheit nutzen, um uns bei allen zu bedanken, die uns auf diesem Weg begleitet haben.

Am Anfang stand die Begeisterung für den Sport. Ohne die Initiative und Idee von René Kierchhoff und Julia Claßen vom Meyer & Meyer Verlag, Footgolf in Buchform zu bringen, wäre dieses Projekt niemals entstanden. Danke für eure Begeisterung ab dem ersten Gespräch und für euer Vertrauen in uns und unseren Sport.

Ein besonderer Dank gilt Katrin Schubert und Erika Möstl, die mit ihrer fundierten Unterstützung und ihrem professionellen Lektorat wesentlich dazu beigetragen haben, dass dieses Buch sowohl inhaltlich als auch sprachlich eine runde Sache wurde. Eure Arbeit hat uns geholfen, unsere Gedanken klar und präzise zu formulieren.

Wir möchten Aleks Kravanja, dem Präsidenten der Federation for International Footgolf, unseren tief empfundenen Dank aussprechen. Seine tatkräftige Unterstützung und sein Engagement während des gesamten Entstehungsprozesses waren von unschätzbarem Wert. Ebenso gilt unser Dank Guy Pernet, der uns mit Statistiken und Hintergrundinformationen versorgt hat. Ohne ihre Inputs hätte dem Buch an vielen Stellen die Tiefe und Detailtreue gefehlt.

Ein herzliches Dankeschön geht an die beiden Präsidenten, die das Buch mit ihren Grußworten bereichert haben. Ihre Worte verleihen diesem Werk eine besondere Bedeutung und zeigen die Wertschätzung für den Sport.

Mati Perrone möchten wir für seinen Gastbeitrag über die Argentina Open und die Bereitstellung beeindruckender Bilder danken. Dank seiner Unterstützung konnten wir das prestigeträchtige Turnier in Argentinien im Buch präsentieren. Muchas gracias, amigo.

Unser besonderer Dank gilt der zauberhaften Lucinda Steed von Lucinda Steed Footgolf Photography. Sie hat uns großzügig einige ihrer fantastischen Fotos zur Verfügung gestellt. Ihre Leidenschaft und ihr Engagement, den Sport durch ihre Arbeit bekannter zu machen, sind bewundernswert. Es ist uns eine große Freude und Ehre, auf ihre Bilder zurückgreifen zu dürfen. Ein ähnlicher Dank geht an die Turnierfotografen der Scottish Open und Spanish Open, die mit ihren Aufnahmen das Buch bereichert haben.

Ein weiterer Dank gebührt allen Footgolfern, die uns mit ihrer Teilnahme an unserem Fragebogen wertvolle Einblicke in ihre Sichtweisen und Gefühle für den Sport gegeben haben. Diese persönlichen Eindrücke und Zitate verleihen dem Buch Authentizität und Lebendigkeit.

Zu guter Letzt möchten wir unseren Familien danken. Ihr habt uns in den letzten Monaten mit Rat, Tat und unermüdlicher Unterstützung zur Seite gestanden. Ohne euch wäre dieses Buch nicht möglich gewesen.

Euch allen gilt unser aufrichtiger Dank. Dieses Buch ist das Ergebnis eures Engagements, eurer Expertise und eurer Leidenschaft für den Sport. Danke, dass ihr Teil dieser Reise wart.

LITERATURVERZEICHNIS

ASFG. (2024). *Swiss Footgolf.* Von Swiss Footgolf abgerufen: https://www.swissfootgolf.ch/

DFGB. (2024). *Deutscher Footgolf Bund.* Von Deutscher Footgolf Bund abgerufen: https://www.deutscher-footgolf-bund.de/

FIFG. (2024). *Federation for International Footgolf.* Von Federation for International Footgolf abgerufen: https://www.footgolf.sport/

FIFG. (2024). *Federation for International Footgolf.* Von Federation for International Footgolf abgerufen: https://www.footgolf.sport/rules

Tour, F. W. (2024). *Federation for International Footgolf.* Von Federation for International Footgolf abgerufen: www.footgolf.sport

BILDNACHWEIS

Coverfotos: Malte Commandeur und Fabienne Bachmann

Fotos Innenteil: Malte Commandeur, Fabienne Bachmann, Lucinda Steed, Turnierfotos, die von den Turnierveranstaltern den Spielern zur Verfügung gestellt werden

Grafiken: S. 72, S. 124, S. 130, S. 132, S. 163 © FIFG Federation for International Footgolf

Coverdesign: Sannah Inderelst

Innenlayout und Satz: Sannah Inderelst

Lektorat: Erika Möstl (https://writerslair.de/)

Projektmanagement: Katrin Schubert